乡村振兴战略 科技惠农丛书

农民就业创业系列

农民创业
致富读本

本系列主编　黄　卫　晁　伟　刘　斌
本 册 主 编　范润梅

中国科学技术出版社

·北　京·

图书在版编目（CIP）数据

农民创业致富读本 / 范润梅主编 .—北京：中国
科学技术出版社，2019.3（2021.5 重印）

（乡村振兴战略 科技惠农丛书 / 黄卫，晁伟，刘斌
主编. 农民就业创业系列）

ISBN 978-7-5046-7878-2

I. ①农… II. ①范… III. ①农民－创业－基本知识－
中国 IV. ① F323.6

中国版本图书馆 CIP 数据核字（2017）第 317305 号

策划编辑	张　金　符晓静	
责任编辑	符晓静　肖　静	
正文设计	中文天地	
封面设计	孙雪骊	
责任校对	杨京华	
责任印制	徐　飞	

出　　版	中国科学技术出版社	
发　　行	中国科学技术出版社有限公司发行部	
地　　址	北京市海淀区中关村南大街16号	
邮　　编	100081	
发行电话	010-62173865	
传　　真	010-62173081	
网　　址	http://www.cspbooks.com.cn	

开　　本	889mm × 1194mm　　1/32	
字　　数	114千字	
印　　张	4.375	
版　　次	2019年3月第1版	
印　　次	2021年5月第3次印刷	
印　　刷	三河市腾飞印务有限公司	
书　　号	ISBN 978-7-5046-7878-2 / F · 851	
定　　价	25.00元	

P_{reface} 前言

　　近年来，广大农民在党的强农、惠农、富农政策的引导下，在现代农业和新农村建设的实践中，积极投入"大众创业、万众创新"的浪潮，为农业增值增效、农民就业增收、农村繁荣稳定和"稳增长、促改革、惠民生、防风险"做出了重要的贡献，具有十分重要的意义。

　　如何推动三农发展、建设新农村、带领农民奔小康，农民创业是根本的解决之道，是保障农民增收的长效机制。在新农村建设和现代农业发展中，我们的一个重要任务就是动员更多的农民动脑、动手、自主创业、艰苦创业，让农民走上经济发展的主战场，引领农民走上致富之路，这是解决三农问题、实现乡村振兴和现代化农业的根本策略。

　　本书从不同的角度、不同的行业总结和精选了一些农民成功创业的案例，在案例的选取上，以易普及、易操作、易掌握为原则，详细分析了创业者的创业经历和成功经验，为更多渴望创业的普通农民介绍了一些行之有效的致富理念和致富项目，以便他们能有所借鉴。

　　同时，本书的编写要特别感谢副主编王征南、安凤玲、姜箐斐老师，他们从选材、结构等各方面都提供了很多宝贵的建议。

编　者

2018 年 12 月

C*ontents* **目 录**

第一章
农民创业者的基本素质

相信很多农民朋友在开始创业之前，最先提问的就是：我适合创业吗？自己创业当老板，一般来说需要承受很大的压力，需要耗费大量的时间和精力，所以在开始创业之前，首先要审视自己，包括自己的性格、品质和生活环境等各方面。

一、农民创业者需要具备的基本素质

1. 创业梦想

人们常说"有梦想才会有希望"，很多成功的创业者最初走上创业之路，都是源于自己内心或大或小的梦想，梦想是创业路上的动力源泉，一个没有坚定梦想的创业者，一旦遇上困难或者挫折，首先放弃的往往是梦想。很多创业者都是白手起家，从他们选择创业的那一刻起，就得把梦想变为自己矢志不渝的东西，不能轻言放弃。

2. 要有坚定的创业精神

不管自己在创业前做了多充分的准备，在创业过程中，都会遇到各种突发或者没有预想到的问题，影响创业的因素太多了，谁也无法保证每一次的决策都是正确的、每一个方向都是对的，在这个过程中会遇到各种困难，很多因素都会导致创业陷入停滞甚至是失败的境地。每当这时候，一般的创业者都会觉得前途一片黯淡，很无助，很无奈，似乎走到了绝境一般。在遭遇这种困境的时候，一定要走出去，争取一切可能地坚持下去，要抱着"天无绝人之路"的信念，一定要有坚定的信念渡过难关。创业目标的实现时间通常都会比预想的长很多，所以创业者不要有太高的预期，不要太理想化，要脚踏实地，有耐心地寻求转机。

3. 文化素质

农民创业者的文化素质对创业起着举足轻重的作用。21世纪以来，农业的发展，主要基于高新技术的运用，而且在传统农业向农业工业的转变过程中，对农民的素质提出了更高的要求。他们不仅要学习各种先进的农业技术，同时还要随时关注国内时政，对政策的调整要非常敏感，也需具备相当的法律知识，能够用法律维护自己的权益，更要更新自己的经营理念，提高自己的管理水平，在市场竞争中占得先机。

二、农民创业者需要满足的基本要求

1. 良好的创业品质

（1）诚信

不管是不是创业，作为一个具有基本素质的人，任何时候讲诚信都是最基本的要求，是人人应该具有的基本品格。对于创业者来说，诚信更是重要，一个诚信的企业才能得到顾客的信赖。诚信是一个企业的无形资本，也是一个企业永恒的竞争力。

一个讲诚信的人，就代表了他是一个讲文明的人。有诚信的人，往往会得到其他人的欢迎和尊重，也会得到更多的合作机会。诚信是为人之本，是立身处世之本。做企业和做人一样，一个企业需要获得长久的发展，首先必须以诚信立足。

企业诚信是关系企业生死存亡的大计，是应该伴随企业发展的每一天的。它能在无形中提升企业的社会地位和品牌知名度，使企业具有更好的竞争优势。从一定程度上说，诚信是企业的一种生产力，可以降低企业成本、提高效率。

【案例】　一个坚守诚信的农民企业家

帅金高是个农民，一个了不起的农民。他靠着"诚信"二字，从一杆秤、几个编织袋、一辆自行车起步，成了全省闻名的"莲子大王"，如今已是上市公司的董事长。

做大建宁莲子市场

1985年，帅金高下定决心做起了经销莲子的生意。他拿出家里多年积累的800元钱，靠一杆秤、几个编织袋、一辆自行车起步，夫妻俩走村串户、翻山越岭，一天忙上十几个小时收购莲子。然而在计划经济的年代里，多收了几千克莲子就卖不出去了。

"莲子要卖出好价，还得走出去。"过了不久，帅金高背着莲子样品，第一次来到了福州。没想到，生意没做成，路费又花了。妻子陈金玉安慰他说："只要我们实实在在做生意，相信会成功的。"

不久后，帅金高凑足了路费，第二次来到福建省外贸进出口公司，向公司经理介绍建宁得天独厚的地理条件，建宁生产的莲子又白又大、色泽光亮、一煮就烂、久煮不散。他当场抓了一把莲子放进自带的电热杯。20分钟以后，客户亲眼看到了建莲的高品质。就这样，帅金高与福建省外贸进出口公司签订了5吨的购销合同。

一次，帅金高与中国香港地区的黄先生初次合作，双方订立了50吨价值110万元的白莲合同，双方的条件是货到付款。合同订立后，帅金高有些担心，万一拖欠货款就麻烦了。但他还是坚持"信誉"二字，如期发货到了深圳。黄先生夸他有胆识、讲信用。由此，他们成为相互依赖的合作伙伴。

帅金高向老乡收购莲子从不压价，本着随行就市的原则，尽量给老乡优惠。20世纪90年代初期，公司不景气，他宁愿自己吃点亏，也要让老乡有利可图，尽力保护乡亲们种莲的积极性。在他的带动下，建宁县的莲子生产越来越旺，里心镇和周边乡镇大部分莲农纷纷与他签订了购销合同。

因为诚信，帅金高的莲子事业越做越大。如今他的文鑫莲业，拥有固定资产上亿元，开发出80多个莲子系列产品，远销东南亚、欧美等地区。

资助贫困学生1000多人

自创业以来，帅金高在自己积累财富的同时，从来没有忘记回报社会。他常怀感恩的心，将企业发展和公益事业结合起来。

1994年，当帅金高从教育界人士处了解到，有许多贫困家庭的孩子，因为学费问题而辍学，他的心情一下子沉重起来。他说，当年自己创业，乡亲们给了他很多帮助，莲子都能赊给他。现在他的事业已经发展到了一定阶段，难道不应该回报乡亲们吗？也就是从1994年开始，他拿出大笔资金捐资助学。1994年，他帮助了60个孩子。6年后，他重点资助高中阶段的孩子，每年有30个孩子得到资助，直至他们高中毕业。

这些孩子逐渐长大成才，尤其是早期被资助过的孩子，都已经事业、家庭双丰收。他们都没忘记帅金高，常常给他写信、打电话、发短信。一个叫吴贤文的孩子，每逢节日都要给他的帅伯伯发祝福短信，工作的问题也常和帅金高说。帅金高说："他们结婚会请我，生了孩子，也抱过来让我看看。"

帅金高说，穷人的孩子早当家。"他们体会到社会的温暖后，以后也一定会回报社会。"

20多年来，帅金高已累计资助1000多人，其中有800多人考上了大、中专院校，多名学生考上了硕士、博士，甚至留学英、美等国。

（资料来源：东南网，2015-07-08）

（2）社交

企业的发展，需要一个和谐的环境。这非常考验企业创业者的社交能力，他需要处理方方面面，诸如和政府部门、媒体、客户以及同行业企业的关系，在内部也要理顺部门权责，协调员工关系。而为了使企业发展壮大，尤其需要争取到政府主管部门、工商、税务的支持。一些创业者，由于自身不善言谈，不喜欢与人交往，觉得只要自己埋头苦干就行了，但做企业，要灵活地掌握企业发展的规律和原则，团结一切可以团结的力量，将其化为企业腾飞的资源。但是不管是处理何种社交关系，都必须坚持自己的底线原则，不触犯法律法规。作为管理者，需要注重沟通协调，坚持以人为本，正确处理企业内部的人际关系，这样才能建立起有利于自己的创业和谐环境，为成功创业打下良好的基础。

2. 全面的创业能力

创业能力的形成和发展与创业、社会实践是密不可分的。创业能力是一种以智力为核心的综合性能力，是一种具有突出创造性的能力。创业能力包括沟通协调能力、经营管理能力、分析和解决问题的能力、信息接收和处理能力、把握机会和创造机会的能力等各方面。

（1）决策能力

所谓决策，通俗来说就是"拍板""决断""敲定"。决策能力是创业者根据主客观条件因地制宜，正确地制订出企业发展的目标、方向以及具体的实施方案的能力。每个人所处的环境、个人品行等条件都不相同，所以在众多的创业目标和方向中需要结合自身的条件综合考虑，哪种目标是适合自己的，是能发挥自己的能力和优势的。选定好目标后，在具体的创业过程中，还需要有很好的分析问题能力以及敏锐的判断能力，这样才不会在错综复杂的局面中手忙脚乱，一片茫然。

（2）经营管理能力

经营管理能力既包括对企业人员的管理，也包括对企业运营资金的管理。这一能力是创业者事业成功的保障，也是创业者众多能力中最核心的能力。它是一种综合性很强的能力，是对人员、资金各方面进行最优组合，并根据企业运行情况的变化，将这种最优及时调整，这就要求创业者从学会用人、学会经营、学会管理、学会理财等方面入手，不断从实践中总结经验教训，汲取好的经验，完善企业的经营策略。

（3）专业技术能力

管理人员应该具备处理专业技术问题的能力，包括掌握必要的专业技术知识。虽然一些企业管理者，并不需要进行具体技术业务的操作，但在宏观上对企业进行指导时，具备一定的专业技术知识，可以更好地把握企业发展的方向，在企业进行合作、谈判、招标等各方面都会具有一定的优势，否则就无法对业务活动中出现的问题进行准确判断，也无法从技术上给员工正确的指导意见，这会限制管理人员的影响力和工作效率。

3. 发现商机，善于创新

创新是创业精神的核心。创业的过程就是有所发现、有所发明、有所创造、有所突破的过程。这是一个持续的过程，也是对创业者比较高的要求。在现实生活中，能做到不断创新的企业家并不是很多，但一旦企业拥有自己的创新点，就会在同行业具有很大的竞争优势，也能快速占领市场，为企业带来更多的经济效益。

【案例】　金鱼养出新思路

　　十多年前，河南省平顶山市曹西村村民王军伟在南方打工，他敏锐地发现了养殖观赏金鱼有极大的商机，于是毅然回到家乡，在白龟湖畔开始创业，养殖金鱼，并由此发家致富。在他的带动和影响下，十几户村民也靠着养殖观赏金鱼走上致富之路，他的家乡曹西村也成了驰誉省内外的观赏金鱼养殖繁育基地。由此，也打破了中原腹地平顶山只能从南方贩运观赏金鱼的历史。并且，曹西村被列为河南省先进科普示范基地。

　　被同行称为"金鱼哥"的王军伟透露，他们养殖的观赏金鱼，每年要发往北京、天津、西安、郑州等地，数量达数千万尾。每个养殖户年收入都在 10 万元左右。

打工遇商机，回乡养金鱼

　　2005 年，王军伟和几个同乡还在广州一家电子厂打工。有一天下了班，王军伟他们去广州市郊闲逛，正好逛到金鱼市场，一条条色彩斑斓、形态各异的金鱼在鱼缸里欢快地游动。王军伟边逛边和人家聊，听到这些小小的金鱼，每条价格几十元、几百元，甚至几万元，他惊呆了，也动心了。他想起自己家乡就靠着白龟湖，水质优良，为什么不能把这些金鱼养在那儿？这不是一个很好的创业项目吗？

　　他把想法和卖金鱼的老板一说，老板觉得他异想天开，"你还是打你的工去吧，这可不是在你老家放养草鱼。"老乡们也笑他，"走吧，咱老家只听说过养草鱼的，没听说过有养金鱼的。"但是，王军伟素来倔强，他想，不试试怎么知道不行呢？他索性辞掉工作，跑到一家金鱼店里当起了学徒。近一年的时间里，观摩学习，慢慢掌握了金鱼养殖的关键技术。

　　2005 年年底，王军伟带着 1 万尾金鱼鱼苗回到平顶山市曹西村。他在自家门口开了 1 亩（1 亩 ≈ 666.67 平方米）鱼塘，将 1 万尾鱼苗放进去，精心伺候了大半年，眼看着米粒大小的金鱼长成了指头长短，五颜六色的金鱼在鱼塘里自由游动，王军伟觉得前景一片光明。

谁想到，就在这时，金鱼开始生病，肚子鼓起来，身子翻上来，还有一些金鱼身上有了烂斑。王军伟花了1个多月的时间照料，还是死掉了一大半。他不信邪，又买了6万尾金鱼鱼苗。百般用心，还找专家咨询，但结果比上一次还惨，金鱼全部死掉。接连两次失败，让王金伟多年的积蓄化为乌有，还欠下了很大一笔外债。

"那时真是到了众叛亲离的地步，可我还是不信中原地区不能养金鱼的说法。"王军伟说。他四处央告借了钱，从江浙等地买回鱼苗，潜心研究金鱼育种和孵化技术，对金鱼进行异地相配，通过改良品种提升金鱼的抗病力。这一年，王军伟的这种技术改良大获成功，而且金鱼防疫也有了提高，金鱼再没有生过什么病。当年，王军伟盈利20余万元。

小小金鱼创造千万财富

2011年，通过自己的努力，王军伟又摸索出金鱼立体杂养技术，每亩水面的鱼苗尾数由过去的六七万尾增加到20余万尾，养殖成本由此下降不少。截至2013年，王军伟年利润达60余万元。

身边的一些渔业养殖户看到王军伟养小小的金鱼挣了大钱，纷纷上门请教，连附近的叶县和鲁山等地也有养殖专业户过来。王军伟看到大家劲头很足，觉得这是一个金鱼养殖业做大、做成产业的好机会。经过大家商讨，他联合其他的养殖户组成合作社。在合作社里，王军伟负责金鱼品种的研发和市场的开拓，并提供鱼苗和养殖技术，还统一回收养殖的金鱼。而其他的养殖户就负责养殖和消毒防疫。对养殖技术，王军伟毫不藏私，无保留地传授给了合作伙伴。

在王军伟的带领下，合作社里有15家养殖户分别以2亩、5亩不等的鱼塘面积养殖了绒球、皇冠、兰寿、锦鲤、狮子头等十数个观赏金鱼的品种，每年每亩的收益都在5万元左右。看到有钱可赚，更多的人想要加入合作社，不仅仅是曹西村，也有周边一些县市的人，无论是谁，只要是实心诚意，王军伟都痛快答应。

"养殖金鱼不仅仅在养殖，还在于不断推新品，这样才能吸引客户。"2014年，王军伟推出了自己培育的金鱼新品种——鹤顶红。这种金鱼颜色鲜艳而且不变色，推到市场上后，立刻引起许多金鱼爱好者的关注，广州和北京的商家还特意到他的合作社参观，签订了长期供货协议。慢慢地，王军伟的养殖合作规模越来越大，数千万尾金鱼发往北京、天津、西安、咸阳等地，创造了上千万的财富，观赏金鱼养殖基地曹西村成为国内著名的金鱼养殖村，"金鱼只能从南方贩运，中原地区不能养殖金鱼"的固有观念不攻自破，养殖基地也被列为河南省先进科普示范基地。

"多年的金鱼养殖经验提醒我，科技创新才是创业致富的首要支撑点。"王军伟说，"大伙儿有创业的念想，我应该去鼓励支持共同富裕。我只要搞好研发，把金鱼的品质提升上去，把金鱼的成本降下去，相信自然有的是市场。"

创新，市场需求是最关键的。寻找市场的新需求并不是人人都可以做得到的，对于创业者来说，当一个很重要的创意在你的脑子里出现的时候，虽然这时候你很兴奋，但一定不要马上付诸实践。创意并不是盲目地标新立异，而需要冷静地分析市场形势，更要结合自己企业的实际情况，衡量自己是否具备这样的能力。在把新创意投放市场前，必须特别谨慎地考察它的可行性，论证可行后再进行接下来的方案。切实可行的创意项目，在实施过程中即使遭遇失败，只要善于总结经验，发现问题，及时纠正，最终也会在市场上立足的。

（资料来源：大河网，2015-03-17）

4. 善于合作，创造共赢

人多力量大，团结就是力量，在当今社会，单靠一个人的智慧和能力是很难办成大事的。越是成功的创业者，越懂得如何与别人合作，创造共赢的局面。只有合作，让身边的人也能享受到正面的利益，才能更大限度地推动自己的事业往前发展。

【案例】 20万农民异乡抱团创业

江西省抚州市临川区是劳务输出大区，常年有20万人外出务工。在这些人中，有不少农民凭着吃苦耐劳的精神以及诚实守信的经营理念，成为一些大中城市的创业能人。他们在自己创业取得成功后，带动了家乡一大批人从事印刷、烧烤、窗帘加工等相关行业，推动一批批产业迅猛崛起，走出了一条条异地致富的新路子。

大岗印刷称雄深圳。"我们大岗人在深圳从事印刷业，干得非常出色的。"大岗镇政府工作人员对记者说。据初步统计，截至2016年，大岗镇已有6000余名农民在深圳从事印刷业，开办大小印刷厂100多家，年收入超过3亿元。

大岗人在深圳的印刷事业越做越大，越做越强，与大岗人的家乡情结分不开。这些在深圳发了财的大岗人，又把更多的大岗人带到深圳。亲戚帮亲戚，朋友带朋友，在深圳从事印刷业的大岗人越来越多。喻某，已经50多岁，种地种了半辈子，家庭依然贫困。朋友带他来了深圳，进入一家大岗人的印刷厂，虽然年龄偏大，但是厂里还是为他安排了工作，收入比种地要强得多。

大岗人用印刷致富，茅排人却用烧烤讨生计。现如今，茅排烧烤遍布三亚，据说，有1000多人在三亚从事烧烤业，年收入有上亿元。记者在茅排看到，随处都有漂亮气派的大别墅，村干部介绍说，这些都是在三亚发了财的茅排人盖的。

最早给大家蹚路的茅排人是泽泉村的谢长富。1992年，谢长富南下三亚摆起了烧烤摊。趁着三亚旅游勃兴的时机，赚了钱。榜样在前，村民们很是羡慕，就请谢长富带着他们一起干。1996年，邹细仔三兄弟、张小毛两兄弟等20多人和谢长富一起来到三亚，然后是更多的茅排人。邹细仔自豪地说，茅排人的烧烤摊点很快遍布了三亚亚龙湾、天涯海角等热门旅游景点，每个热门景点都有近百个茅排烧烤。其他景点少一些，但也有几十个。茅排烧烤早已打出了名气，一个摊点每天少说也有2000元的收入。

高坪窗帘叫响上海。高坪镇村民在镇政府的大力帮助下，在上海做起了窗帘生意。截至2016年，高坪镇已经有1500多名农民在上海开办大、小窗帘店200余家，年收入超过2亿元。

黄小毛是该镇古坪村农民，1996年，他在朋友的带领下，来到上海，进入高坪人开办的窗帘店工作。2006年，他投资近300万元，在上海浦东新区创立高坪飞翔窗帘有限公司。当年，公司招聘的20个员工中，有16个是高坪人。在近20年的时间里，高坪人的窗帘店越开越多，几乎遍布上海的主要城区。

高坪人在上海打拼，高坪镇镇政府也来加油助威。为了扶持高坪窗帘店，增加农民收入，近几年来，该镇因势利导，不断拓宽劳务输出渠道。该镇加强了与在上海从事窗帘业务的高坪人的联系，每年都专门委派镇工会前去，还和60余家比较大的窗帘店达成协议，只要他们招聘工人，镇政府在第一时间就会把消息传到各村，及时向店里输送农民工，这一举措，得到大家的支持。

（资料来源：《抚州日报》，2016-08-09）

第二章
抓住农业创业的政策机遇

一、农业补贴政策

1. 农业支持保护补贴政策

为提高农业补贴政策效能，2016 年，国家启动农业"三项补贴"改革，将种粮农民直接补贴、农资综合补贴、农作物良种补贴合并为"农业支持保护补贴"，政策目标调整为支持耕地地力保护和粮食适度规模经营。主要调整措施是：一是将 80% 的农资综合补贴存量资金，加上种粮农民直接补贴和农作物良种补贴资金，用于耕地地力保护。补贴对象为所有拥有耕地承包权的种地农民，享受补贴的农民要做到耕地不撂荒，地力不降低。补贴资金与耕地面积或播种面积挂钩，对已作为畜牧养殖场使用的耕地、林地、成片粮田转为设施农业用地、非农业征（占）用耕地等已改变用途的耕地，以及长年抛荒地、占补平衡中"补"的面积和质量达不到耕种条件的耕地等不再给予补贴。鼓励秸秆还田，不露天焚烧秸秆。这部分补贴资金以现金直补到户。2015年选择在安徽、山东、湖南、四川和浙江等 5 个省开展试点。二是将 20% 的农资综合补贴存量资金，加上种粮大户补贴资金和农业"三项补贴"增量资金，支持发展多种形式的粮食适度规模经营，重点支持建立完善农业信贷担保体系，向种粮大户、家庭农场、农民合作社、农业社会化服务组织等新型经营主体倾斜，体现"谁多种粮食，就优先支持谁"。2016年，农业支持保护补贴政策在全国范围内推广。

2. 农机购置补贴政策

2016年，农机购置补贴政策在全国所有农牧业县（场）范围内实施，补贴对象为直接从事农业生产的个人和农业生产经营组织，补贴机具种类为12大类48个小类175个品目，各省可结合实际从中确定具体补贴机具种类。农机购置补贴政策实施方式实行自主购机、县级结算、直补到卡（户），补贴标准由省级农机化主管部门按规定确定，不允许对省内外企业生产的同类产品实行差别对待。一般机具的中央财政资金单机补贴额不超过5万；挤奶机械、烘干机单机补贴额不超过12万元；100马力以上大型拖拉机、高性能青饲料收获机、大型免耕播种机、大型联合收割机、水稻大型浸种催芽程控设备单机补贴额不超过15万元；200马力以上拖拉机单机补贴额不超过25万元；大型甘蔗收获机单机补贴额不超过40万元；大型棉花采摘机单机补贴额不超过60万元。

3. "粮改饲"支持政策

2015年，国家启动实施"粮改饲"试点工作，中央财政投入资金3亿元，在河北、山西、内蒙古、辽宁、吉林、黑龙江、陕西、甘肃、宁夏和青海10省（区），选择30个牛羊养殖基础好、玉米种植面积较大的县开展以全株青贮玉米收储为主的"粮改饲"试点工作。近年来，国家仍继续实施"粮改饲"试点项目，并进一步增加资金投入，扩大实施范围。

4. 畜牧良种补贴政策

从2005年开始，国家实施畜牧良种补贴政策。2014年投入畜牧良种补贴资金 12 亿元，主要用于对项目省养殖场（户）购买优质种猪（牛）精液或者种公羊、牦牛种公牛给予价格补贴。生猪良种补贴标准为每头能繁母猪 40 元；肉牛良种补贴标准为每头能繁母牛 10 元；羊良种补贴标准为每只种公羊 800 元；牦牛种公牛补贴标准为每头种公牛 2000 元。奶牛良种补贴标准为荷斯坦牛、娟姗牛、奶水牛每头能繁母牛 30 元，其他品种每头能繁母牛 20 元，并开展优质荷斯坦种用胚胎引进补贴试点，每枚补贴标准 5000 元。此项政策目前仍在实施中。

二、农民能力建设政策

1. 培育新型职业农民政策

2016 年，中央财政投入 13.9 亿元农民培训经费，继续实施新型职业农民培育工程，在全国 8 个省、30 个市和 500 个示范县（含 100 个现代农业示范区）开展重点示范培育，探索完善教育培训、规范管理、政策扶持"三位一体"的新型职业农民培育制度体系。实施新型农业经营主体带头人轮训计划，以专业大户、家庭农场主、农民合作社骨干、农业企业职业经理人为重点对象，强化教育培训，提升创业兴业能力。继续实施现代青年农场主培养计划，新增培育对象 1 万名。

2. 培养农村实用人才政策

2016 年，继续开展农村实用人才带头人和大学生村干部示范培训工作，面向全国特别是贫困地区遴选 1.7 万多名村"两委"成员、家庭农场主、农民合作社负责人和大学生村干部等免费到培训基地考察参观、学习交流。全面推进以新型职业农民为重点的农村实用人才认定管理，积极推动有关扶持政策向高素质现代农业生产经营者倾斜。组织实施"全国十佳农民" 2016 年度资助项目，遴选 10 名从事种养业的优秀职业农民，每人给予 5 万元的资金资助。组织实施"农业科教兴村杰出带头人"和"全国杰出农村实用人才"资助项目。

三、农业保险支持政策

2016 年，财政部下发《中央财政农业保险保险费补贴管理办法》的通知，通知指出，中央财政提供农业保险保险费补贴的品种包括种植业、养殖业、森林以及其他品种共 4 大类，覆盖了水稻、小麦、玉米等主要粮食作物以及棉花、糖料作物、畜产品等。2015 年，我国承保的主要农作物突破 14.5 亿亩，占全国播种面积的 59%，三大主粮作物平均承保覆盖率超过 70%。各级财政对保费累计补贴达到 75% 以上，其中中央财政一般补贴 35%～50%，地方财政还对部分特色农业保险给予保费补贴，构建了"中央支持保基本，地方支持保特色"的多层次农业保险保险费补贴体系。

2015 年，中国保监会、财政部、农业部联合下发《关于进一步完善中央财政保费补贴型农业保险产品条款拟订工作的通知》，推动中央财政保费补贴型农业保险产品创新升级，在几个方面取得了重大突破。一是扩大保险范围。要求种植业保险主险责任要涵盖暴雨、洪水（政府行蓄洪除外）、内涝、风灾、雹灾、冻灾、旱灾、地震等自然灾害，泥石流、山体滑坡等意外事故，以及病虫草鼠害等。养殖业保险将疾病、疫病纳入保险范围，并规定发生高传染性疾病政府实施强制扑杀时，保险公司应对投保农户进行赔偿（赔偿金额可扣除政府扑杀补贴）。二是提高保障水平。要求保险金额覆盖直接物化成本或饲养成本，鼓励开发满足新型经营主体的多层次、高保障产品。三是降低理赔门槛。要求种植业保险及能繁母猪、生猪、奶牛等按头（只）保险的大牲畜保险不得设置绝对免赔，投保农作物损失率在 80% 以上的视作全部损失，降低了赔偿门槛。四是降低保费费率。以农业大省为重点，下调保费费率，部分地区种植业保险费率降幅接近50%。

2016年年初，财政部出台《关于加大对产粮大县三大粮食作物农业保险支持力度的通知》，根据通知，政策出台前，省级财政对产粮大县三大粮食作物农业保险保费补贴比例高于25%（现行补贴比例）的部分，中央财政承担高出部分的50%。上述政策实施后，中央财政对中西部、东部的补贴比例将由40%和35%，逐步提高至47.5%和42.5%。

四、新型农村建设政策

1. 发展休闲农业和乡村旅游项目支持政策

2016年中央一号文件明确提出要大力发展休闲农业和乡村旅游。农业部将积极推动落实11部门联合印发的《关于积极开发农业多种功能 大力促进休闲农业发展的通知》精神，主要包括积极探索有效方式，改善休闲农业和乡村旅游重点村基础服务设施，鼓励建设功能完备、特色突出、服务优良的休闲农业专业村和休闲农业园；鼓励通过盘活农村闲置房屋、集体建设用地、"四荒地"、可用林场和水面等资产发展休闲农业和乡村旅游；加强品牌培育，开展全国休闲农业和乡村旅游示范县示范点创建活动、中国最美休闲乡村推介、中国重要农业文化遗产认定、休闲农业和乡村旅游星级企业创建活动等。

2. 扶持家庭农场发展政策

2016年，国家有关部门将采取一系列措施引导支持家庭农场健康稳定发展，主要包括：建立农业部门认定的家庭农场名录，探索开展新型农业经营主体生产经营信息直连直报。继续开展家庭农场全面统计和典型监测工作。鼓励开展各级示范家庭农场创建，推动落实涉农建设项目、财政补贴、税收优惠、信贷支持、抵押担保、农业保险、设施用地等相关政策。加大对家庭农场经营者的培训力度，鼓励中高等学校特别是农业职业院校毕业生、新型农民和农村实用人才、务工经商返乡人员等兴办家庭农场。

3. 扶持农民合作社发展政策

国家鼓励发展专业合作、股份合作等多种形式的农民合作社，加强农民合作社示范社建设，支持合作社发展农产品加工流通和直供直销，积极扶持农民发展休闲旅游业合作社。扩大在农民合作社内部开展信用合作试点的范围，建立风险防范化解机制，落实地方政府监管责任。2015 年，中央财政扶持农民合作组织发展资金 20 亿元，支持发展粮食、畜牧、林果业合作社。落实国务院"三证合一"登记制度改革意见，自 2015 年 10 月 1 日起，新设立的农民专业合作社领取由工商行政管理部门核发加载统一社会信用代码的营业执照后，无须再次进行税务登记，不再领取税务登记证。农业部在北京、湖北、湖南、重庆等省（市）开展合作社贷款担保保费补助试点，以财政资金撬动对合作社的金融支持。2016 年，继续落实现行的扶持政策，加强农民合作社示范社建设，评定一批国家示范社；鼓励和引导合作社拓展服务内容，创新组织形式、运行机制、产业业态，增强合作社发展活力。

五、财政金融政策

1. 财政支持建立全国农业信贷担保体系政策

2015 年，财政部、农业部、银监会联合下发《关于财政支持建立农业信贷担保体系的指导意见》（财农〔2015〕121 号），提出力争用 3 年时间建立健全具有中国特色、覆盖全国的农业信贷担保体系框架，为农业尤其是粮食适度规模经营的新型经营主体提供信贷担保服务，切实解决农业发展中的"融资难""融资贵"问题，支持新型经营主体做大做强，促进粮食稳定发展和农业现代化建设。

全国农业信贷担保体系主要包括国家农业信贷担保联盟、省级农业信贷担保机构和市、县农业信贷担保机构。中央财政利用粮食适度规模经营资金对地方建立农业信贷担保体系提供资金支持，并在政策上给予指导。财政出资建立的农业信贷担保机构必须坚持政策性、专注性和独立性，应优先满足从事粮食适度规模经营的各类新型经营主体的需要，对新型经营主体的农业信贷担保余额不得低于总担保规模的 70%。在业务范围上，可以对新型经营主体开展粮食生产经营的信贷提供担保服务，包括基础设施建设、扩大和改进生产、引进新技术、市场开拓与品牌建设、土地长期租赁、流动资金等方面，还可以逐步向农业其他领域拓展，并向与农业直接相关的二、三产业延伸，促进农村一、二、三产业融合发展。

2. 发展农村合作金融政策

2016 年，国家继续支持农民合作社和供销合作社发展农村合作金融，进一步扩大在农民合作社内部开展信用合作试点的范围，不断丰富农村地区金融机构类型。坚持社员制、封闭性原则，在不对外吸储放贷、不支付固定回报的前提下，以具备条件的农民合作社为依托，稳妥开展农民合作社内部资金互助试点，引导其向"生产经营合作＋信用合作"延伸。进一步完善对新型农村合作金融组织的管理监督机制，金融监管部门负责制定农村信用合作组织业务经营规则和监管规则，地方政府切实承担监管职责和风险处置责任。鼓励地方建立风险补偿基金，有效防范金融风险。

3. 牢牢把握国家精准扶贫政策

精准扶贫是习近平总书记新时代中国特色社会主义思想的重要内容。在精准扶贫过程中，从"输血"复生到"造血"成长，财政政策与货币金融政策可以发挥主导作用，但这两类扶贫政策需要协同配合，从而促进精准扶贫，提升扶贫效果。

过去五年，精准扶贫效果显著，贫困人口减少了 6800 多万，易地扶贫搬迁 830 万人，贫困发生率由 10.2% 下降到 3.1%，为全面建成小康社会奠定了基础。在精准扶贫进程中，财政政策与金融政策发挥了积极作用。财政政策为先导，金融政策跟进，协同配合放大了扶贫政策效应。财政政策扶贫主要通过社会保障投入、风险分担、信用保证、利息贴补、引导基金等带动民间资金、金融资金进入扶贫领域；金融政策扶贫应该调动金融机构、社会资本参与扶贫，发挥杠杆效应，激励贫困人口开展生产，树立信用理念，实现内生性脱贫。

中国人民银行于 2016 年 3 月提出大力推进贫困地区普惠金融政策，设立扶贫再贷款，利率在正常支农再贷款利率基础上下调 1 个百分点，引导地方法人金融机构切实降低贫困地区涉农贷款利率水平。2017 年银监会牵头推出了扶贫小额信贷产品，扶贫小额信贷是为建档立卡贫困户量身定制的金融精准扶贫产品，其政策要点是"5 万元以下、3 年期以内、免担保免抵押、基准利率放贷、财政贴息、县建风险补偿金"。2018 年 1 月，中国人民银行等四部门出台政策，主张加强深度贫困地区扶贫再贷款管理，加大对深度贫困地区的扶贫再贷款倾斜力度，到 2020 年，力争每年深度贫困地区扶贫再贷款占所在省（自治区、直辖市）的比重高于上年同期水平。要求各银行业金融机构改进完善差别化信贷管理，合理调配信贷资源，优化调整内部授权与绩效考核，适当延长贷款期限，综合确定贷款额度，更好地满足深度贫困地区群众合理融资需求。

第三章

农民创业致富的主要项目

一、种植业领域

农村土地广阔，一般来讲发展种植业和养殖业比较合适。如果准备在农村创业致富，发展种植业和养殖业赚钱，以下这些项目可以参考。

种植业包括各种农作物、林木、果树、花草、药用和观赏植物等的栽培，如今国家政策对农民好了，很多地区的农民靠发展种植业都已经发家致富了。随着时代的发展，环保、绿色、健康、养生等已成为人们生活中的主题，种植业也逐渐发展成为一个非常具有投资价值的行业，尤其是绿色产品种植方向。

1. 核桃种植项目

核桃是生活当中的一种常见坚果。改革开放以来，随着农村产业结构的调整和农民兴林致富的渴求，核桃产业发展日渐迅速，核桃的栽培面积和产量逐年上升。尤其随着我国人民群众物质生活水平的提高，对身体健康更加关心，核桃因其丰富的营养价值，得到了人们的青睐，价格一路走高。同时，在国际市场上，核桃的价格也持续上涨，销量呈现显著上升的趋势。种种数据表明，世界核桃的生产、贸易空间还很广阔。这样的市场利好，无疑是地方政府发展核桃产业，广大农民加大核桃种植力度的信号灯，全国核桃产业热潮涌动。

从世界范围来看，核桃分布于中亚、西亚、南亚和欧洲。核桃常生长于海拔 400～1800 米的山坡及丘陵地带，在我国的平原地区也很常见。

在我国，核桃是经济树种中分布最广的树种之一，主要产于华北、西北、西南、华中、华南和华东地区，包括陕西、山西、四川、新疆、甘肃、辽宁、天津、北京、河北、山东、宁夏、青海、河南、安徽、江苏、湖北、湖南、广西、贵州、云南及西藏等省（区、市）都有分布，内蒙古、浙江及福建等省（区）有少量引种或栽培。

2. 猕猴桃种植项目

猕猴桃是多年生木质藤本果树，寿命可达 40 年以上。一次种植，在之后的若干年都能受益。同时，猕猴桃挂果较早，一般在种植的第二年就能挂果。现在，人们非常重视健康，对猕猴桃这种营养丰富的水果的需求量也越来越大。值得一提的是，与其他水果相比，猕猴桃的种植面积相对要小得多，市场空间很大，获得经济效益的可能性也就很大。

猕猴桃能加工成果汁、果酒、果晶、果脯、果酱等诸多产品，加工增值潜力巨大。全世界已有 30 多个国家和地区栽培，2004 年总产 100.9 万吨。新西兰是猕猴桃最早和最大的出口国，其所产鲜果 70%～80% 供出口。

生态和植被良好、海拔 50 米以上的亚热带和温带地区之丘陵、低山缓坡地最适合猕猴桃商品化栽培，其他地方不能获得丰产、优质的猕猴桃或者猕猴桃根本不能着果或越冬。这些地方的农民若能抓住机遇高标准建园，可获几十年的好收益。

3. 花卉种植项目

有专家预测，21 世纪最有发展前途的十大行业中，花卉产业名列第三。花卉产业并不是简单的种植花卉，除了鲜切花、盆栽花卉、观叶植物、绿化苗木、草坪外，还包括花卉种子和种苗、专用花肥、育花基质、园林机械等辅助产业以及花卉产品直接相关的生产、加工、运输、销售及现代农业观光旅游等行业，可以说，市场十分广阔。而且，花卉产业是世界各国农业中唯一不受农产品限额的产业。最近的十多年来，世界花卉产业以年均25%的速度增长，为其他行业所不及，被誉为"朝阳产业"和"黄金产业"，是世界上最有活力的产业之一。

【案例】 放弃打工，回乡种植高端花卉

　　85后小伙子李细文是湖北省大冶市大箕铺镇小箕铺村人，前些年一直在广东省打工。背井离乡，十分苦闷。他说，其实早就想过回乡创业，可是一直也没有找到好门路，只能无奈地等待，不敢轻易尝试。

　　他在同村有个好朋友叫李名付，两人从小一起长大，非常要好。这些年，李名付一直在大冶的花卉市场做批发生意，根据季节，从外省空运一些销量好的花卉批发给大冶的花店老板，赚取一点儿差价。

　　李名付算了一笔账，6块钱进来一株花，转手卖出去，只能赚2块钱。如果自己来种植花卉，一株花苗成本才几毛钱，等长成了去卖，每株至少能赚5块钱。2014年春节，李名付就打电话给李细文，和他谈了这个想法。

　　李细文一听就动了心，决定回乡搞花卉种植。2014年，他拿出历年积蓄，以破釜沉舟的勇气投资40多万元打造出一个花卉基地。每年400块钱一亩，他先把大冶鑫东一块20多亩的荒地从其他村民手中流转过来，又搭起45个钢架大棚，在棚里陆续种植了非洲菊、百合、黄英、玫瑰4种高端花卉共几十个品种。

　　李细文从小喜欢花花草草，但真正说到种植，还是个门外汉。就是凭着一股热情，扎入这个行业。有一次看到香水百合市场价格高，没有考虑它的种植难度就种上了。因为对它的习性不了解，一个大棚的百合根都烂了，花苗全部扔掉。李细文吸取教训，对花卉种植知识进行了一次恶补，从最基础的整地、施肥、移栽开始学起，系统了解了各种花卉的生长特性，掌握了花卉种植中各个环节的技术，很快成为一个行家。

2014年9月开始，李细文的花苗出棚，陆续上市，他种植的那四种花，分别销往周边的花卉市场，甚至直接送往武汉的花卉市场。2014年9月、10月，每月的销售额都过万元，11月由于百合上市，销售额达到2万元。他说，初步估算一下，只要管理跟得上，一年挣十几万元不成问题。

（资料来源：《今日大冶》，2014-12-04）

4. 食用菌种植项目

食用菌是指子实体硕大、可供食用的大型真菌，通称为蘑菇。常见的食用菌有香菇、草菇、蘑菇、木耳、银耳、猴头菇、竹荪、松口蘑（松茸）、口蘑、红菇、灵芝、虫草、松露、百灵和牛肝菌等。近些年来，人们对绿色无污染食品比较重视，所以对食用菌也是比较看好的。随着人们生活水平的日益提高，人们认识到食用菌对人体各方面的保健作用都很大，是任何药物都无法替代的，所以市场需求很大。

5. 山药种植项目

山药为高产高效经济作物，不仅耐贮易运，且可加工增值，外销出口。山药是当今发展高效农业、促进农民增收的较为理想的推广品种，开发前景极为广阔。近年来，我国食品和保健品企业开发了小包装山药精粉，投入市场后颇受消费者的青睐。由于山药的用途不断拓宽，市场对山药的需求量从2006年起每年递增 15% 以上。

6. 花椒种植项目

花椒树是一种很好的经济树种，适合我国大部分地区种植，现在市场中的花椒价格比较稳定，市场行情也不错，是可以选择的项目。我国市场庞大、人口众多，随着人们生活水平和物价水平的提高，花椒作为调料，价格还会上升。花椒可以进行深加工，做成花椒油，市场对此需求量还是很大的；同时，花椒还是很好的工业原料，可以做成肥皂，前景也很乐观；另外，花椒还有很高的药用价值，有杀虫的作用，也可以用于保养方面，可以说花椒浑身都是宝。从国外来讲，也有很大的产品出口市场，我国花椒主要出口日本、新加坡、马来西亚。因为花椒是中国特有的，所以从国际市场来说，潜力是很大的。

据调查，以花椒为原料进行深加工的调味品市场销路很好，花椒及花椒制品在外贸出口上也有一定优势，陕西、四川等地的花椒远销韩国、日本、俄罗斯、美国等国家。花椒除了有食用价值外，在药品、化妆品和许多化工产品生产中都有运用。目前，花椒的用途被不断发掘，花椒产业市场前景广阔。

不过不是所有的地方都适宜种植花椒，它对海拔、气候、土壤都有要求，一般在 2000 米以上的高海拔地区生长比较好。

7. 薄荷种植项目

薄荷，土名叫"银丹草"，为唇形科植物，即同属其他干燥全草，全株青气芳香。叶对生，花小淡紫色，唇形，花后结暗紫棕色的小粒果。多生于山野湿地河旁，根茎横生地下。多生于 2100 米海拔高度，但也可在 3500 米海拔上生长，是一种有特种经济价值的芳香作物。薄荷是中华常用中药之一，为辛凉性发汗解热药，内服可治流行性感冒、头疼、目赤、身热、咽喉痛、牙床肿痛等症，外用可治神经痛、皮肤瘙痒、皮疹和湿疹等，平常以薄荷代茶可清心明目。

薄荷以全草入药，用于治疗风热感冒、头痛、咽喉痛、口舌生疮、风疹、麻疹、胸肋胀闷等。薄荷油、薄荷脑既可作为药用，也可广泛用作芳香剂、调味剂。因而，薄荷种植市场前景看好，薄荷不但在我国市场畅销，而且也是国际市场上的抢手货，以每亩薄荷产薄荷油 25 千克计算，其纯收入是种植一般农作物的 2～3 倍。

8. 特种蔬菜种植项目

蔬菜是人们日常饮食中必不可少的食物之一，可提供人体必需的多种维生素和矿物质等营养物质。据联合国粮食及农业组织统计，人体必需的 90% 的维生素 C、60% 的维生素 A 来自蔬菜。此外，蔬菜中还有多种多样的植物化学物质是人们公认的对健康有效的成分。有研究表明，果蔬中的营养素可以有效预防慢性、退行性疾病，因此，蔬菜的种植前景一片大好。

特种蔬菜更是农村创业项目中的佼佼者，主要种类如下。

（1）西菜：由国外直接引进的品种。如菊苣、结球生菜、西芹、青花菜、球茎茴香、羽衣甘蓝、牛蒡等。

（2）新育成品种：是农业科技工作者利用先进育种技术培育出的新品种。如雌性红萝卜、彩色大椒、无刺黄瓜、橘红心白菜等。

（3）各地名优品种：是我国某些地区的名、特、优蔬菜品种。如东北雌性红萝卜、莼菜、紫菜薹、豆薯、榨菜、菜心、芥蓝、紫背天葵、节瓜、佛手瓜、心里美萝卜等。

（4）野生蔬菜：近年来野生蔬菜重新被人们所重视，经过挖掘开发有的成为很好的食用蔬菜。如华北的蕨菜，江苏、湖北的芦蒿，甘肃、内蒙古的沙芥，内蒙古的口蘑，安徽、江苏的马兰菜以及各地的荠菜、马齿苋、苣荬菜、蒲菜、豆瓣菜等。

（5）微型蔬菜：又称袖珍蔬菜，形状小巧玲珑，是近年来比较流行的蔬菜品种。如樱桃番茄、樱桃萝卜、迷你黄瓜、指形西葫芦、朝天小辣椒等。这类蔬菜中有直接引进的，也有新培育出的。

9. 桔梗种植项目

桔梗，别名包袱花、铃铛花、僧帽花等，是多年生草本植物，茎高20～120厘米，通常无毛，偶密被短毛，不分枝，极少上部分枝，根可入药，有止咳祛痰、宣肺、排脓等作用。在中国东北地区常被腌制为咸菜，在朝鲜半岛被用来制作泡菜，当地民谣《桔梗谣》所描写的就是这种植物。单凭名称，有人会误以为桔梗乃橘子的梗，但实际上桔梗与橘子或柑橘属没有直接关系。

桔梗为多年生草本植物，以根入药，还可以做菜食用，是40种大宗常用中药材之一，具有宣肺、散寒、祛痰、排脓的功效，主治外感咳嗽、咽喉肿痛、胸闷腹胀、支气管炎、胸膜炎等症。通过调查国内各大药材市场及产区发现，桔梗的国内种植面积正在逐渐缩减，而需求量并没有减少，证明桔梗商机仍在，发展前景十分看好。

10. 蓝莓种植项目

蓝莓是新兴的营养保健水果，被联合国粮食及农业组织列为人类"五大健康果品"之一。相比欧美国家早已成熟的蓝莓生态产业链，中国的蓝莓产业方兴未艾，市场潜力十分巨大。当前，蓝莓产业链种植、加工、销售的各个环节无不面临着前所未有的跨越式发展机遇。近年来，国内蓝莓种植面积和产量以年均50%的速度递增，茅台、联想等大型集团在全国范围内针对蓝莓的种植、采购、深加工进行了数轮跨界布局，释放出明显的市场信号。

二、养殖业领域

养殖业与种植业并列，是农业生产的两大支柱之一，包括家畜、家禽和水产的养殖。自有农业起，便有养殖业，从根本上说，也是人与自然进行物质交换的重要环节。不过，想以养殖业来发家致富，首先得有过硬的养殖技术，其次要选择优良品种，加上科学精细的管理，才能确保养殖的动物健康出栏，最后通过合理的销售获取收益。

1. 蛇养殖

（1）蛇养殖的市场前景

蛇养殖的市场前景非常好，"非典"时期到现在，蛇的价格连年提升，市场供不应求。由于滥捕滥杀，野生蛇的数量急剧减少，因此，人工养殖的蛇变得炙手可热，目前我国广东、广西、香港地区的肉蛇需求都难以满足，更别说别的地方了。

蛇类产品的加工还处于很原始的发展阶段。蛇类产品之所以没能得到充分的开发，就是因为市场供不应求。南方蛇养殖常见的品种有眼镜蛇、滑鼠蛇（水律蛇）、王锦蛇（大王蛇）等，大多销往广州，很多老板上门收购，无须担心卖不出去。

现在，很多野生蛇都受到国家法律保护，作为国家法律保护之外的菜蛇，其营养价值和口味又与它们相当，所以在国家大力保护稀有毒蛇的前提下，菜蛇必定走俏市场，成为上述蛇种的替代品。加之菜蛇都是无毒或低毒品种，因此，不会给养殖者带来意外人身伤害。养殖菜蛇既保护了稀有蛇类，满足了市场需求，又给养殖者带来了高收益。另外，菜蛇除可食用之外，蛇胆还可以卖给药厂提炼做药。

（2）蛇养殖的经济效益

蛇养殖行家说："养好一条蛇，胜养一头猪。"因野生蛇类日趋减少，市场上的蛇价连年平稳上升。一年四季蛇价变化幅度很大，冬季是其他季节的2～3倍，秋初与秋末价格也不尽相同。以一条母蛇计算，每年繁殖12～19条，多者高达30条。若以小蛇苗出售，每条价格约10元。如果把繁殖的小蛇养一年，可收获蛇肉2～5千克，以市场最低价销售，每条可获利100～

250 元。

蛇养殖的经济效益也取决于单位产量和生产成本，用比较合理的饲养方法和技巧以降低成本、制订合理的物资储备计划、减少资金的长期占用等，均是提高经济效益的有效途径。

2. 野兔养殖

俗话讲："飞禽莫如鸪，走兽莫如兔。"野兔营养丰富，含有大量的矿物质和钙，可以改善人的记忆力，防止脑功能衰退，具有补中益气、凉血解毒的功效，对人尤其是孕妇和儿童十分有益，因此被世界兔学协会"钦定"为"美容肉""保健肉"。目前，兔肉市场消费需求旺盛，从而保证了养殖的效益。

野兔主食各种野草、青菜、树叶，其皮、毛、肉兼用，是非常优良的特种野生草食性经济动物。经过多年驯化的野兔，没有家兔胆小、容易受到惊吓的习性，同时保持了野生野兔抵抗力强、体型较大、耐寒力强、适应性强（在我国南、北方都可以健康生长）等特点，且平均产肉率增加了一倍。

野兔肉质细嫩、醇香，属山珍野味。随着人们生活水平的不断提高，追求美味、营养、滋补、保健、品奇尝鲜已成为人们的消费新潮流。20 世纪 90 年代以来，猪、鸡、鸭、鱼等畜禽大量使用含添加剂、催长素的配合饲料，肉质下降，甚至产生副作用，不利于人体健康，致使人们偏爱草食型野生畜禽。

3. 土鸡养殖

与国外引进的肉鸡和我国引进培育的蛋鸡相比，土鸡具有营养丰富、口感上佳的优点。土鸡的养殖能较好地改善人们的膳食结构。目前，在市场上，土鸡和土鸡蛋的数量比较少，土鸡养殖的市场潜力巨大，发展土鸡养殖业大有可为。尤其是我国农村有大量剩余劳动力和闲置荒地，发展土鸡养殖业的先天条件比较优厚。

养土鸡的方法很多，比如养虫子鸡、果园养鸡、林地散养鸡等，应该根据当地地理条件，选择合适的养鸡类型，还要根据当地消费特点选择适销对路的品种。

（1）白耳黄鸡

白耳黄鸡是我国稀有的白耳黄鸡品种，2001年被农业部首批确认为我国地方品种鸡国家级资源保护品种，2005年，广丰白耳黄鸡作为亚洲第二例活体动物获得国家原产地保护产品认证。近几年来，广丰县大力实施白耳黄鸡保护工程，制定并实施《白耳黄鸡地方标准》等技术标准，建立了白耳黄鸡原种场、技术推广示范区，积极推进白耳黄鸡的保护和开发。

（2）固始鸡

固始鸡是以河南省固始县为中心的一定区域内，在特定的地理、气候等环境和传统的饲养管理方式下，经过长期择优繁育而成的具有突出特点的优秀鸡群，是中国著名的肉蛋兼用型地方优良鸡种，是国家重点保护畜禽品种之一。毛色以黄色、黄麻为主，青腿青脚青喙，体型中等，具有耐粗饲、抗病力强、肉质细嫩等特点。2006年9月，国家质检总局批准对固始鸡实施地理标志产品保护。

（3）乌骨鸡

乌骨鸡的国内市场容量很大，只要价格适中容量还会扩大。国外市场主要在东南亚国家和日本、韩国等国家，以及世界各地的华人聚集区。中国港澳地区主要进口活乌骨鸡，中国台湾地区和欧美地区的潜力也很大，只要产品的质量符合国际标准、生产获得进口国或进口地区的认证许可，就可以出口。

（4）浦东鸡

浦东鸡产于上海，俗名"九斤黄"。因其成年公鸡可长到4.5千克以上，故有"九斤黄"之称，是上海本地唯一的土鸡品种。浦东鸡单冠直立、胸阔体大、黄嘴、黄脚。母鸡羽毛呈黄或麻栗色。公鸡胸红或杂黑色，背黄或红，翼金黄或黑，尾黑。公鸡体重约4千克，母鸡体重约3千克。其肉质肥嫩，年产蛋120个左右，壳黄褐色。

（5）寿光鸡

寿光鸡原产于山东省寿光市稻田乡一带，以慈家村、伦家村饲养的鸡最好，所以又称"慈伦鸡"。该鸡的特点是体形硕大、蛋大，属肉蛋兼用的优良地方鸡种。"寿光鸡"肉质鲜嫩、营养丰富，在市场上，以高出普通鸡2～3倍的价格成为高档宾馆、酒店、全鸡店和婚宴上的抢手货。

（6）萧山鸡

萧山鸡体形较大，外形浑圆，其特点是前期生长快，早熟易肥，抗病力强，耐粗饲，适应性强。经育肥后的阉鸡肉嫩脂黄、鲜美特香，被称作"红毛大阉鸡"。萧山鸡是中国八大名鸡之一，早在春秋时代，民间土种鸡被择优选入越王宫中，作观赏玩乐之用，逐渐形成性状良好的鸡种，名为"越鸡"，后由宫中传至民间，再经精心培育而成今日的萧山鸡，其饲养历史已达2000余年。

4. 野鸡养殖

野鸡别称雉鸡、山鸡，集肉用、观赏和药用于一身，是一种家喻户晓的名贵野味珍禽。野鸡养殖是科学技术部推广的星火计划项目，投资少、见效快、市场好、价格高，全国各地养殖户均依靠养殖野鸡取得了很好的经济效益。

野鸡肉质鲜美，营养丰富，含有多种人体必需的氨基酸及钙、钠等多种元素。除了食用外，野鸡的胆、血、内金经过提炼可制成医药制剂，雄性山鸡毛可制作毛工艺品。当前，山鸡饲养的品种不少，其中以美国七彩山鸡的养殖量最大。近年来，随着人们生活水平的提高，野味食品已成为餐桌、宴席上不可缺少的美味佳肴。野生野鸡受国家法律保护，严禁猎杀和非法经营，加之自然界存量极少，因此人工养殖野鸡商机无限。

野鸡养殖利润分析（以养 500 只野鸡为例，仅供参考）

建鸡舍及设备的全部投资为 3000 元；每只鸡苗进价为 5 元，500 只总共 2500 元；每只鸡的饲料成本为最高 14 元，500 只共计 7000 元；每只山鸡的医药费平均 2 元，500 只共计 1000 元。因此，成本合计为 3000＋2500＋7000＋1000＝13500（元）。按照市场保守价格每只野鸡售价为 50 元，500 只共计 25000 元，500 只野鸡的利润保守估算为 25000-13500＝11500（元）。

5. 鹌鹑养殖

鹌鹑被誉为"动物人参"，它的肉和蛋都具有较高的滋补作用。从法国引进的巨型肉鹌鹑是目前世界上体重最大的鹌鹑，每只体重在 250 克以上，且有容易饲养、投资少、周转快、效益高的特点。鹌鹑成长期短，从出壳到上市，仅需 40 日。2004 年以来，江苏、浙江、上海等地掀起了鹌鹑养殖与消费的热潮。2006 年，上海的鹌鹑消费就达 1800 万只，显示了广阔的市场前景，在可预计的未来，也将有较大的发展。

鹌鹑养殖利润分析（仅供参考）

（1）鹌鹑抗病能力强，耗料少，40 日龄左右开产，平均蛋重 12～30 克，料蛋比为 2.5∶1 至 2.7∶1。成年鹌鹑重量达 150 克左右，每年平均产蛋率达 85%～90%，饲料成本低，占地面积小，见效快，好管理，好饲养。

（2）成年鹌鹑饲养效率高，在笼养条件下，每 3 平方米可饲养 400 只左右（以 6 层笼计算）鹌鹑。养 1000 只鹌鹑，40 日龄左右产蛋，平均每日产蛋 850～900 枚，共 10 千克左右，每日可获利 25 元左右。鹌鹑粪便出售后可支付工人工资，1 个人可管理 1 万只左右的鹌鹑。

6. 蜜蜂养殖

蜂蜜是蜜蜂从蜜源植物的花内蜜腺或花外蜜腺中采集的分泌物，并经过充分酿造而储藏在巢脾内的糖类饱和物，糖分约占3/4，以葡萄糖和果糖为主。蜂蜜是一种老少皆宜的营养保健品，它含有丰富的蛋白质、氨基酸、维生素、微量元素、有机酸、色素、花粉、激素等营养物质，《本草纲目》中记载，蜂蜜性平、味甘，有补中、润燥、止痛、解毒、抗菌等功能，主治脘腹虚痛、肺燥干咳、肠燥便秘，外治疮疡不敛、水火烫伤等，被应用于中药的膏剂、丸剂、丹剂的制作，并且在食品工业、化妆品等生产中有广泛的应用。

蜜蜂养殖的前景如下。

（1）蜂蜜

蜂蜜是一种营养丰富的天然滋养食品，也是最常用的滋补品之一。据分析，蜂蜜含有与人体血清浓度相近的多种无机盐和维生素以及铁、钙、铜、锰、钾、磷等多种有益人体健康的元素。蜂蜜是人们常用的滋补品，有"老年人的牛奶"的美称。蜂王浆更是高级营养品，不但可增强体质，还可预防或辅助治疗神经衰弱、贫血、胃溃疡等慢性病。蜂花粉被人们誉为"微型营养库"，干燥后颜色深浅不一，可以直接食用或泡入冷水中当饮料。

（2）蜂蜡和蜂胶

蜂蜡和蜂胶都是轻工业的原料。蜂胶还被称为"紫色黄金"，在全世界的产量比黄金还少。

（3）蜂毒

蜂毒对风湿病、神经炎等均有疗效。以夹子夹住工蜂，用它的尾针叮患者的穴道，让蜂毒进入体内，达到以毒攻毒的治疗效果。

7. 泥鳅养殖

泥鳅历来是人们喜欢的河鲜之一，也是优质的水产品之一，自古以来便是常见的保健食品，它肉质鲜美细嫩，营养丰富，可食部分达到 80%，富含蛋白质、维生素和不饱和脂肪酸等。泥鳅的药用价值也十分显著，有补中益气、养肾生津的作用，对肝炎、小儿盗汗、皮肤瘙痒、跌打损伤、手指疔疮等都有一定的功效。现代科技检测，泥鳅富含亚精胺和核苷，能增加皮肤弹性和湿润度，并提高身体的抗病毒能力，特别适合身体虚弱、脾胃虚寒、体虚盗汗的人吃。但是，泥鳅可能携带有许多寄生虫，特别忌讳生吃。近年来，随着人居环境的改变，泥鳅的天然资源总量在下降，而市场需求量却在不断增加，这就说明，泥鳅养殖的市场前景十分广阔。

8. 鸽子养殖

鸽子是一种常在餐桌上出现的禽类，营养丰富，价格适中。重要的是，养肉鸽的成本要大大低于养肉鸡。母鸽产蛋，经过十七八天的孵化幼鸽出壳，再经过 24 天的饲养便能出售，饲养期非常短。而且，种鸽每天消耗饲粮 40 克，哺乳鸽每天消耗饲粮 75 克。一只鸽子从出壳到出售，总共不过耗粮 1～1.5 千克，非常经济。同时，现在蛋白质饲料价格较高，要养肉鸡，饲料中蛋白质比例高达 20%，但肉鸽饲料中的蛋白质含量只有 13%。如果能够大规模集约化进行肉鸽饲养，饲料成本还能进一步降低。

发展鸽子养殖的建议如下。

（1）依托龙头企业

只有大规模集约化进行鸽子养殖才能降低成本，所以发展养鸽业一定要依托龙头企业。可采用模式如"龙头企业＋基地""龙头企业＋农户"或"龙头企业＋合作组织＋农户"等。对于零散的养殖户来说，依托龙头企业，与企业建立长期的稳定的关系，可以有效降低市场风险。同时，也能享受到龙头企业的养殖技术、饲料提供和销售等服务，确保把精力都投入到养殖中，最大限度增加经济效益。

（2）有耐心及恒心

任何一个产业项目，都有一个发展发育的过程，没有捷径可走。投资养鸽业也要有相当的耐心。投资前就要有长期的规划、长远的目标。三天打渔两天晒网不行，半途而废更不可取。一旦选定这个项目，就要持之以恒地做下去，并灵活掌握市场行情，调整养殖的规模和品种，确保市场火热时赚取最大利益，在市场疲软时也能不亏本经营，最终在鸽子饲养业上成为赢家。

9. 观赏鱼养殖

现在，许多人的家中都会摆放一个鱼缸，美丽的鱼在其中自由游动，给家里增添了生气。据权威数据表明，现在养殖观赏鱼和养殖花卉一样，是一个规模巨大的产业，观赏鱼的交易额已经超过几十亿美元。我国广东、北京、天津、海南和台湾地区，都是世界著名的观赏鱼养殖基地。其中，我国台湾地区的观赏鱼养殖更是处于世界一流水平。而在上述地区，观赏鱼养殖已经造就了许多的千万富翁乃至亿万富翁。随着人们对时尚生活的要求更高，观赏鱼的市场还会进一步扩大。

10. 蟾蜍养殖

蟾蜍是农业中的益虫，能捕食害虫，在医学上是治病良药，含有蟾蜍毒素、精氨酸和甾体类等物质，具有强心镇痛、兴奋通窍、利尿解毒、抗癌等功能，是六神丸、梅花点舌丹等几十种中成药材的主要原料，在国际医药市场备受青睐。蟾蜍还是一种味道鲜美、营养丰富的食材。因为蟾蜍用途广泛，所以国内外对蟾蜍的需求一直在增加，价格也一再上涨。不过目前，国内蟾蜍收购量只有市场需求量的23%，国外也仅能满足50%，据此可以推断，蟾蜍养殖的市场将会进一步扩大，蟾蜍的价格也会进一步上涨。

11. 野猪养殖

餐桌上的猪肉一般都是家猪。国家统计局数据显示，我国人均猪肉年消费量曾在 2014 年达到最高，为 41.68 千克，从那以后，连续两年回落，2016 年为 38.44 千克，说明公众对猪肉的需求量在下降。但是，在另一方面，优质的猪肉依然供不应求，表明生猪养殖这个产业，市场成熟，到了减量增质的阶段。证据之一便是，在餐桌上并不多见的野猪肉，野猪商品化养殖成为新兴的热门项目。目前，全国每年供应市场的商品野猪大约在 200 万头。

人们对猪肉的要求，也为野猪的养殖提供了广阔的空间。因为野猪肉具有降低血脂和防治动脉硬化等功效，特种野猪肉逐渐成为人们喜欢的新保健食品。用野猪肉加工成的野猪火腿肠畅销国内外市场，另外，野猪骨头可制药，野猪皮可治疗高度疲劳和儿童发育不良等症。在上海、广州、深圳等地区，人们对野味的需求量大，野猪肉常常是有价无货，因此野猪养殖发展前景十分广阔。

目前，特种野猪肉的销售在部分城市已经出现良好的势头。如果养殖户能了解野猪肉市场趋势，了解这个市场前景，特种野猪的养殖会成为农民致富的一个好项目。

人工养殖野猪，成本并不高，青绿饲料占到日常饲料的 60%～70%。而且，野猪的抗病力强，成活率高，肉质鲜嫩，野味浓郁，受到消费者青睐。据调查，野猪肉目前的售价比一般家猪肉贵了数倍，但还是难以阻挡市民购买的欲望。

12. 肉牛养殖

牛肉味道好，有营养，一直以来，其价格就高于一般肉类，而且由于物价上涨等因素，牛肉价格还会上涨。目前，国际牛肉市场需求旺盛，中国肉牛在世界市场上的竞争力也在加强。我国的一些高档肉牛远销至欧美、中东等国家和地区。不过，肉牛饲养成本高，繁殖周期长，也使得肉牛养殖存在一定风险。所以我国农户养牛规模有所下降，但市场对牛肉的需求仍在增加，今后肉牛养殖的前景仍然看好。

养殖肉牛的优势十分明显，成熟期早、抗病力强、繁殖力高、资金周转快，一般当年产的牛犊当年就可屠宰获益。而且饲养成本低，凭借强大的采草能力和发达的瘤胃，8～12月龄的牛可进行快速肥育，3个月每头牛就可盈利200～300元。据此推算，今后几年肉牛养殖将是一个全国性的深度开发、规模养殖、综合加工和出口创汇的黄金产业。

三、农产品加工领域

1. 编织制品加工厂

现在，人们的生活讲究品位格调，农村富余的玉米棒皮、桑柳等资源，可以让剩余劳动力利用农闲时节，编织成门帘、坐垫、床垫、茶盘等工艺品。这些编织品现在是国内外大城市的抢手货，小本有大利。

【案例】 远近闻名的"草帘村"

正是农闲时节，陕西省西安市长安区五台街道团结村里，非但没有冬闲的安静，反而一派热火朝天的景象。每家每户都传出机器的轰鸣声，还有一辆辆汽车在卸货装货，把一车车稻草运进了农家小院。

团结村盛产水稻，收完稻子，稻草往往被弃在田中。但是，这些稻草严重影响了下一季的种植，成为农民的一大麻烦。

然而，稻草也有它不可替代的作用。大棚蔬菜冬天需要草帘子保暖，建房修路也需要草帘子恒温保湿。这是个不为人注意的商机。五台街道办联合团结村村委会将稻草进行深加工，并邀请编扎能手，将编扎技艺手把手传授给村民，并对购买草编机的农户进行资金补贴。短短几年，团结村草编加工户发展到 50 多户，近百名妇女在冬闲时节进行草编加工。

随着产业越做越大，村子里生产的稻草已经远远不能满足市场需要。街道就帮忙联系收购附近区县的稻草。村民吴艳自己家的人手不够，还雇请了十几个帮工，月收入达上万元。团结村的稻草绳、草帘子已经成为周边区县的抢手货，团结村也成为远近闻名的"草帘村"。

（资料来源：《陕西日报》，2016-10-14）

2. 豆制品加工厂

每家每户的餐桌上，都少不了豆制品的身影。豆制品种类丰富，水豆腐、豆腐丝、豆腐皮、豆腐干、臭豆腐、豆腐乳等，每一种都不乏有人喜欢，还有绿豆制成的粉丝、豆饼等，豆制品是个庞大的家族，拥有广阔的市场。而且豆制品加工简单，投资小，剩下的豆渣也有各种各样的用途，不会浪费，十分适合农民创业。

【案例】　豆制品加工厂解决农村就业

在山西省忻州市，有一家结合当地传统制作风味与现代先进生产工艺的豆制品加工厂。

这家工厂的老板叫张建峰。2005 年之前，张建峰还是以小作坊的形式生产加工豆腐干。之后，张建峰总结小作坊生产经营的经验，建成了自己的工厂，并于 2008 年 5 月正式投产。2017 年，其生产规模仍在不断扩大。到 2018 年，这家名叫"忻州市禹王豆制品加工厂"的厂子发展得欣欣向荣。

之所以能有这样的发展，与老板张建峰的观念分不开。他认为，科技是第一生产力，企业的发展，离不开科技的支撑和技术的带动。他投资 250 万元，从国内最大的豆制品机械厂定制了先进的生产设备，并于 2017 年年底正式投产，新厂房面积达到 4000 余平方米，极大地提高了豆制品的产量。

崭新的豆制品厂不仅让张建峰的事业又迈上一个台阶，还解决了村里许多人的就业，并带动了他们东张村及周边农村的种植业和运输业，促进了当地的经济发展。

（资料来源：《市场信息报》，2018-06-12）

3. 糕点加工作坊

无论是在农村还是在城市，糕点是人们常吃常备的食物，面包、饼干、麻花、桃酥等，老少皆宜。尤其是在农村，大小事宴上也少不了糕点。哪怕是一个日加工 30 千克面的小作坊，也能经营红火。

【案例】 与糕点的不解之缘

1999 年 12 月，河南驻马店小伙子郭冶伟从原济南军区某部物资供应基地退伍返乡。这个倔强的小伙子放弃了到县食品公司上班的机会，拿起祖辈传下来的糕点制作手艺，拥有了自己创业致富的"金钥匙"。

郭冶伟并不满足于自己家传的手艺，他不仅拜访村里的老糕点师傅，还到城里知名的蛋糕房做学徒，虚心学习各种糕点的制作，钻研各种糕点制作的技术。几个月的培训他觉得还不够，又跑到郑州、武汉、驻马店做市场调查，对市场有了准确的认知，这才和妻子一起，踏上创业之路。

创业是艰难的。2000 年 5 月，郭冶伟开始找门面房，他跑遍了县城的大街小巷，对要出租的每个门面，都蹲点观察，了解地理位置和人流量，最后才优中选优，确定下门面房。将门面房简单装修，买了电烤箱、和面机后，小店开张了。凭着价格和口味，小店很快赢得了客户的欢迎，郭冶伟品尝到了创业的喜悦。

面对初期的成功，他没有停下脚步，而是执着地钻研，相继开发出"龙凤点心""一口酥""四喜饼"和"蜜金棍"等新糕点，远销到周边各县市，每年销量突破30多吨，创收10多万元，成为当地退伍创业军人致富的模范。在他的影响下，村里有20多人在南京、宁波等地开起了糕点房，户均收入增加了2万多元。

（资料来源：《农产品加工·综合刊》，2014.12）

4. 有机肥料加工厂

自然肥是农家有机肥的统称，现在大家注重食品健康，在粮食蔬菜市场上，用有机肥不用化肥，也是卖点之一。另外，城市垃圾也是自然肥生产加工的来源之一，完全可以实现人工化、工厂化、产业化。

【案例】　有机肥开拓致富新路

天津市宝坻区大钟庄镇杨木庄村的王如洲正是敏锐地认识到这一点，抓住有机肥深加工这个市场，走上致富之路。

走上这条路，也有前缘在。十几年前，王如洲搞家禽养殖，有10万只鸡，每年产生的鸡粪就有2000吨，处理这些鸡粪是一个大问题。

王如洲说："畜禽粪便在冬天还好处理，可以运走，但每年5月份以后，鸡喝水多了，鸡粪变稀，再加上雨水多，那真是污水横流、蝇蛆遍地，没法处理。"

王如洲是农民出身，自然会想到庄稼种植离不开肥料，如果把这些鸡粪利用起来，变废为宝，说不定还有钱挣。这时，天津市农业科学院正好有一套从日本进口的肥料加工生产线，双方一拍即合，生产线拉到了王如洲的养殖场。不过，刚开始，这套生产线"水土不服"，试生产并没有成功。但是他们没有放弃，王如洲自己投资升级改造了生产线。

经过几个月的反复试验，他的第一批 200 多吨有机肥料销往海南，并且一炮打响。看到这个生意的前景，王如洲又成立了洲潮生物有机肥研究所，聘请专业人员进行研制开发。他们利用日光温室采暖、生物菌剂发酵、机械自动翻倒等现代化生产工艺，成功生产出精品有机肥，并申报了国家专利，荣获农业部"丰收奖"一等奖，"洲潮"牌有机肥，在农民朋友中有了影响力。王如洲说，2015 年，他的有机肥料已经销往全国各地，用于园林绿化、花卉果树种植、设施农业生产等多个领域，年产值可达到500 万元。生产线也由原来的一条发展到十条，年产量在 10 万吨左右。

（资料来源：创业网，2015-12-28）

5. 杂粮面条加工店

面条为我国人民所喜爱的传统面食，相传起源于东汉时期，距今已有近两千年的历史。南北朝时期，面条由饼状演变成条状；唐宋时期，面条演变成细长条状。现在，老百姓对杂粮面条等绿色食品的需求以每年15%的速度递增，供需之间存在着巨大市场空缺。用玉米、高粱和小麦等制成的面条，色泽清新，晶莹剔透，韧度大，弹性好，久煮不断，久泡不烂，筋道滑爽，口感鲜美淡香。

【案例】 小杂粮加工敲开脱贫的大门

方面阔脸、浓眉大眼的朱建旺是山西省吕梁市岚县普明镇小万村一位普普通通的农民，谁能想到这位看上去意气风发、精气神十足的中年人曾为生计发愁而四处奔波，正是他依靠小杂粮加工带动了小万村100余户贫困家庭敲开了脱贫致富的大门。

朱建旺出生在普明镇小万村一户普通农民家庭，家中兄弟姐妹七人，家庭负担很重。初中毕业后朱建旺不得不辍学去打工。在外打工多年，朱建旺萌生了依靠岚县优质丰盛的小杂粮开启致富门的想法。

起初，朱建旺借款买了辆三轮车，在粮油店买进小米、玉米、谷子、莜麦等小杂粮，然后再进行精深加工。夜以继日的辛勤劳动使朱建旺赚得了创业路上的"第一桶金"，小三轮慢慢换成了长途运输的大货车，朱建旺有了积蓄。在了解到国家大力发展中小微企业及县委、县政府大力发展小杂粮产业、促进农民脱贫致富的有关信息后，朱建旺头脑中有了建杂粮加工厂的初步想法。

然而，事情不像想象中的顺风顺水。厂房建设、设备购买、粮食收购、加工转化、品牌创建、产品销路都得亲力亲为。最要命的是资金短缺，为了筹措资金，朱建旺四处借款，好不容易筹措了150万，购进了10余台大型杂粮加工设备。从筛选、清洗、烘炒、过滤到成品包装形成了一条龙生产线，再加上各种化验分析、化验检验设备，朱建旺的杂粮加工厂实现了生产、检验全部流程的机械化，精深加工后的莜面、豆面、糕面、小米面等杂粮品质有了质的飞跃。2010年，在轰隆隆的机器声中，岚县小万万粮粮食加工厂开始运营了。这里出产的莜面味道香醇、品相兼优；糕面、玉米面、小米面等在周边享有较高声誉。为了扩大市场、打开销路，2014年，朱建旺注册了自己的杂粮品牌"万山坡"，同时，依靠县里免费开办的电商培训平台，学会了操作电脑。

如今，"万山坡"绿色小杂粮享誉省内外，产品销往北京、广西、四川各地，同时在平遥、孝义等地的各大超市上架，很多外地客商还专程来到小万村找朱建旺订购杂粮。据朱建旺介绍，如今的加工厂日生产杂粮约 3 吨，年收益大约 20 万。岚县小万万粮粮食加工厂的成长最离不开的还是诚信，朱建旺说："诚实做人，才能得到人们的信任，我也深受其益。我是靠公平交易、为人正道才取得了今天的成绩。"以科技立足、以客户为先、以信誉取胜，是朱建旺经营杂粮加工厂的"秘籍"。

小杂粮加工出共同致富梦，如今的万粮粮食加工厂不仅让朱建旺的钱包鼓了起来，也让附近群众因此获益不小。

在加工厂忙时，朱建旺会雇用本地一些贫困群众选料、包装、搬运，这对当地群众来说是一笔不小的收益。本村李巧花就是其中一位，巧花丈夫身体残疾，家庭重担落在了巧花身上，朱建旺就雇用巧花在万粮粮食加工厂打工。据朱建旺介绍，万粮粮食加工厂能帮扶像巧花家这样的贫困户 20 余户，每人每年在万粮粮食加工厂劳动大约能增加 9000 元收入。

朱建旺说："习总书记倡导中国梦，我也有自己的梦想，我梦想更多的人能因为我的粮食加工厂实现脱贫致富。"

2016 年，朱建旺在镇、村两级的帮助下，在小万村成立了合作社，形式上采用"加工厂＋合作社＋农户"的发展模式——加工厂负责小杂粮精深加工、合作社负责收购及销售、农户负责田间种植和管理，旨在调动农民种地的积极性、解除农民销售的后顾之忧、带动当地农民走上特色化种植道路。据了解，万粮粮食加工厂每年可解决小万村 100 余户种粮大户 700 余吨杂粮的销售问题，每户每年因此增加收入约 2000 元。

朱建旺还希望能进一步扩大生产规模，带动更多农户生产出绿色、环保、优质的小杂粮，让当地的优质小杂粮产业带动更多群众实现脱贫致富的梦想。

（资料来源：《吕梁日报》，2017-02-24）

6. 辣椒加工厂

辣椒是"健胃剂"，对口腔及胃肠有刺激作用，能促进肠胃蠕动，帮助消化液分泌，改善食欲，并能抑制肠内异常发酵。我国有很大一部分人，不管是北方人还是南方人，对辣椒情有独钟，可以说是"无辣不欢"。所以辣椒制品，比如辣椒酱、辣椒油等，有很大的市场空间。

【案例】　辣椒妹创业加工辣椒酱，年销售额上千万

广西壮族自治区贵港市人梁云，人送外号"辣椒妹"，不仅是形容她的性格火辣，还是指她爱吃辣椒、会做辣椒。据说，只要她吃过的辣椒产品，她都能做出来。2005年，梁云就靠着这会吃辣椒的本事，白手起家开始创业，从一瓶辣椒酱开始，研发出100多个产品，8年打造出一个年销售额超2000万元的食品加工企业。

梁云在少年时期桀骜不驯，13岁时和妈妈吵了一架，她竟然离家出走跑到了南宁；16岁，梁云辍学开始打工；20岁，在同龄人大学还没毕业时，就和跑公交车的男朋友在恋爱不到一个月后结婚了。

婚后，梁云和丈夫在南宁市承包了一辆公交车。十几年下来，两个人算是在城市买了房子站稳了脚跟。在这期间，梁云得到一个"辣椒妹"的外号，并在朋友圈里广为流传。因为梁云爱吃辣椒，嫌市面上的辣椒不够味，便自己做，做得多了，就送给同事们品尝。大家对她做的辣椒赞不绝口，梁云竟然成了同事们每天念叨的人。还有很多不认识的人，甚至找上门来买梁云的辣椒酱，一瓶辣椒酱卖到18元。

2004年，有人找到梁云，劝梁云不要埋没了自己做辣椒酱的天赋，希望和梁云合伙开个加工厂。还有做连锁餐饮行业的朋友，也想跟梁云合作。但当时梁云并没这个想法，她从来没有做过生意，做辣椒酱就是个爱好，公交车开得好好的，何必去尝试另一个陌生的行业。

没想到，接下来的几个月，陆续有人上门找梁云谈合作，他们说，就凭"辣椒妹"这个手艺，开工厂，肯定挣钱。他们的话让梁云心动了，她想，既然能挣钱，手艺又是自己的，何不自己干？2005年12月，梁云卖了房子，筹措了十几万元，租厂房、装修、招工人、买原料，风风火火，大干起来。不曾想，开厂子的投资太大，她买来的10吨辣椒刚加工到一半，就发现，连买包装瓶的钱都没有了，而十几万元已经花光。

最后，还是她的两个朋友，抵押了自己的房子，贷了100多万元借给了梁云。靠着这笔救命钱，3个月后，梁云的第一批辣椒酱终于生产出来了。2006年4月，梁云找到了做代理商的朋友雷眆。在雷眆的帮助下，梁云的第一批辣椒酱摆进了超市，定价18元一瓶。

辣椒酱虽然好，但最初的结果还是令梁云沮丧。产品摆进超市6个月后，只卖了几千块钱，于是超市要退货。梁云分析，主要是她的产品单一，且没有品牌影响力，消费者还没有认识。为了挽回局面，唯一的办法就是增加品种。

从那天起，梁云每天都把自己关在厂里试做新产品。每做出来一种，就让员工品尝、提意见。1个月后，梁云的辣椒酱成了系列产品，摆放到超市里，也能占据一个柜台，对消费者有了很强的冲击力和吸引力。梁云一鼓作气，研发出7大系列100多种产品。

从那之后，梁云不用出门推销，订单也源源不断，产品走进了北京、上海、南京、重庆等城市的大超市，每年的销售额达上千万元。

（资料来源：央视网，2013-12-23）

7. 小腌菜加工厂

据市场调查，用食盐、糖、醋腌制的黄瓜、豆角、大蒜、萝卜、辣椒等小菜一直走俏大中城市和乡村市场。如能利用当地丰富的资源，办个小菜腌制加工厂，一样能致富奔小康。

【案例】　腌菜缸里引出的创业人生

牛建亮生于 1980 年，2000 年毕业于乌鲁木齐市技工学校电工专业。毕业之后，他在乌鲁木齐市的餐厅当过服务生，在建筑工地当过小工。"当时一心想在外面闯一闯，后来却发现这种生活并不是我想要的。"牛建亮说。

牛建亮出生在新疆巴里坤哈萨克自治县大河镇旧户西村。海拔较高、气候寒凉的巴里坤本不是适合种蔬菜的地方，但牛建亮的父亲早在 1997 年就成为第一个"吃螃蟹"的人。那一年，他父亲承包了 10 亩荒地种植蔬菜，成为该县大面积种植蔬菜的第一人。2008 年时，父亲得了尿毒症，家里 30 多亩菜地全靠母亲一人打理，牛建亮决定子承父业，回家种菜。

2009 年，巴里坤大力推广设施蔬菜种植，修建了不少拱棚，还出台了不少优惠政策，牛建亮抓紧时机成立了巴里坤哈萨克自治县草原蔬菜合作社，当时他承包了 24 座拱棚，再加上 60 多亩陆地菜，每年蔬菜产量都有七八十吨。

2010 年，为了扩大规模，他又在城郊自建了 7 座温室大棚，承包了县农业示范观光园的 12 座温室大棚，开始大面积种植反季节蔬菜。十几个品种的蔬菜不仅能够满足巴里坤市场，而且还销往哈密市。花菜、青笋、西蓝花等蔬菜，以前巴里坤从没有人种过，在牛建亮的摸索下，这些蔬菜都种植成功了。

在他的带动下，越来越多的人加入了合作社，从最初的 54 名社员发展到 2016 年的 107 名。合作社还长期雇用着 28 名五六十岁的农村妇女，合作社让她们有了收入，她们也越来越有干劲。

成立合作社后，牛建亮成了巴里坤远近闻名的种菜大王，但是近几年牛建亮发现，种菜的人越来越多，市场竞争也越来越激烈。一方面，有时菜价很低，销路不好，影响大家的积极性；另一方面，品相稍次一些的菜就卖不掉，浪费实在是太严重了。因为怕浪费，牛建亮萌生了制作腌菜的想法。"巴里坤几乎家家户户都会腌菜，我想能不能采用巴里坤农户传统的腌制方法，把这些菜变成美味呢？"他说。

说干就干，2013年，牛建亮投资140余万元，建起了占地4000多平方米的蔬菜加工厂，他将合作社的经营方向从种菜转向蔬菜加工。他走村串户，收集了200个闲置在农家的大瓦缸，用巴里坤人传统方法腌制酸白菜、莲花白、龙蒿、蒙古韭（沙葱）。"当时好多人怀疑，这腌菜有人喜欢吗，但我经过市场调研后坚信，只要品质过硬，我们的腌菜一定能占据一席之地。"牛建亮说。

2014年，他为腌菜系列产品注册了"旧户"商标。"旧户"取自牛建亮从小生活的旧户西村。那一年，他又扩大了规模，建起了保鲜库和烘干房。2016年，他的蔬菜加工厂已生产出7种不同口味的腌菜。独立的包装、美味的口感让"旧户"腌菜迅速在巴里坤和哈密家喻户晓。渐渐地，"旧户"牌腌菜在乌鲁木齐、库尔勒也有了名气，有许多代理商要求加盟。

2013年，合作社实现销售收入165.5万元，社员平均增收4300余元。2014年销售收入突破300万元。2014年，合作社获得"国家农民合作社示范社"称号。

2015年，牛建亮的腌菜销售实现了开门红，1月20日，他的农产品专营店在乌鲁木齐开业，用以展代销的方式专营巴里坤特色农产品。合作社产品还取得了企业食品生产许可认证，被自治区旅游局授予"新疆礼物"称号。

（资料来源：《新疆日报》，2016-05-30）

四、互联网创业领域

从最新国家政策看，农村电商、农产品电商、农村物流、农特微商将引来一股新的创业商机，具体可以参照以下几个方面。

1. 做个刷墙公司

喜欢乡村自驾游的朋友，在经过农村的时候，总是会发现农村的院墙上刷着标语，有些是政策性的口号，也有些是商业广告，最近几年，随着互联网经济的勃兴，这股热潮也吹到了农村。我们能在农村的院墙上看到诸如"生活要想好，赶紧上淘宝""老乡见老乡，购物去当当""发家致富靠劳动，勤俭持家靠京东"这样的标语，成为各大电商开拓市场最好的"户外广告牌"。

各大电商对三～六线城市市场虎视眈眈的原因是县域市场空间更大。2015年，在阿里巴巴零售平台上，县域农产品电商销售额同比增长超过65%，县域发出和收到的包裹总量超过70亿件，再创历史新高。2018年，全国585个国家级贫困县在阿里巴巴平台网络销售额超过630亿元。其中，超过100个贫困县网络销售额达到或超过1亿元。同时，县域市场由于交通不完善，位置较偏僻，线下零售并不发达，产品和品牌也不能充分地在县域市场展示，所以丰富的线上产品成为不少三～六线城市消费者参与网购的驱动力，电商企业的市场空间十分巨大。不过，市场固然巨大，但是无论是谁要想分这块大蛋糕，都无法回避两个问题：一是宣传，二是快递。我国幅员辽阔，三～六线城市市场分布广泛，一个公司哪怕投入几千万元、几亿元，也不能完全解决这个问题。

一般来说，各大电商都利用现成的院墙来充当开拓农村市场的广告牌，所以他们纷纷刷墙，将自己的口号填满路边的白墙，但其效果都没有村村乐好。作为国内最大的刷墙公司，村村乐的发展模式非常值得创业者借鉴。

村村乐是一个以乡村为单位的交流平台，创始人胡伟是一名农村出身的大学生，他从校友录上获得灵感，启动了村村乐这个项目。它以村为单位建立了全国 66 万个论坛形式的社区，每天仅用户自然搜索量就特别大。这填补了国内没有专门为乡村搭建交流平台网站的空白。

胡伟介绍，村村乐的成长主要还是网友自发的"病毒式传播"。起初，村村乐只是一个类似于论坛形式的社区，服务的内容，也是供农村大学生和农民工在离开家乡后了解自己家乡的变化，他们通过搜索自己村的名字，就能进入页面，村村乐作为国内覆盖村庄最广和信息最全的一个平台，来这里了解信息的网友越来越多。因为搜索这个村的人与这个村没有关系，只是特别想知道这个村的情况，于是就入驻网站、注册会员，成为村村乐的会员。网站还会给他们机会，经过一定的考核后，成为村村乐的站长。并且，有的站长本身就是村主任、村支书或者大学生村干部，他们也迫切需要这样一个平台，向外界介绍自己的村庄，村村乐恰好满足了这种需求。因此，每天更新的信息量是巨大的，并且图文并茂，信息真实可靠，在很短的时间内就得到飞速发展。如今，村村乐已经覆盖了 80% 以上的农村，每天的自然增长量也非常惊人。

村村乐在运营之初就是 O2O（线上线下电子商务）模式，分别有线上和线下两个模块。

（1）线上运营部分：招募网络村干部

当用户登录网站，进入某个村庄站点。如果这个村庄恰好没有人认领为网络"村干部"，他就可以注册并且申请认证。实名认证之后，他就可以当这个村网站的管理员。村管理员虽然不是"正式村干部"，但是当了村管理员之后，一方面，他可以成为该村的"代言人""负责人"，是种无形的荣誉；另一方面，村管理员作为论坛版主，他有管理板块的责任，可以拉同村村民登录该村的主题网站。无形的荣誉之外，还有实打实的经济利益，村管理员还可以承接村村乐给他们提供的兼职赚钱机会，做一些村村乐需要在线下做的事情。对于这个项目而言，村村乐网站在最初就是一个招募网络村干部的工具，几年来，村村乐共招募网络村干部 20 万名，不但让这些人有所收获，也让这些人成为村村乐最有价值的资源之一。

（2）线下运营部分：农村市场推广

有了这 20 万名村干部，村村乐就成了中国农村市场最落地的推广渠道。在最近几年，他们借着家电下乡政策的契机，迅速把业务做了起来，并且做出了规模。这些业务听起来非常简单，非常接地气，但纯互联网公司尤其是大的电商并不能做这样的业务。

墙体广告：利用乡村公路两旁的墙面或住宅墙壁，用彩色防水涂料绘制各式各样的宣传内容，或用喷绘布或喷绘膜制成广告图案。每个村至少 3 面墙，周期至少 3 个月。

路演巡展：深入目标市场，开展现场宣传。活动要集表演、游戏、体验与促销于一体，最大限度地吸引农民注意。周期最好每周 1 期，每场活动的时长要在 10 个小时左右。这种路演巡展的形式具有客户针对性强、营销精细化、受众覆盖广、信息到达率高等优点。

电影下乡：依靠村镇院线在当地的资源，放映优秀电影，并将客户企业的产品广告以贴片或品牌专场形式植入到影片放映前。这能将客户的品牌和产品扩散至当地村级，从而起到提升品牌知名度、增强产品认知度等效果。时间在每年 6 月 ～ 10 月，周期至少 3 个月。

村委广播：基本上，每个村都有广播站。村村乐与这些广播站合作，将商户或企业广告在固定时间播出，每条广告至少时长 30 秒，并和 10000 个行政村达成合作，每周都确定固定时段，周期至少 1 个月。

农家店推广：利用当地农家店资源，建立品牌的村级专属推广站，店铺名称、品牌标志和产品展示在同一空间，村民足不出户，就能了解到商家最新的产品，每个村都设立一家推广点，周期最少1年。

横幅广告：悬挂于村庄村口或公路两旁，表现形式多样，可用手工刻绘、感光制版、不干胶、热转印等方法，因地制宜，就米下锅，每村至少3条幅，周期至少1个月。

宣传栏推广：绝大部分村庄都有宣传栏，不仅给村民提供最新资讯信息，党的路线、方针、政策和科技、文化、卫生等各方面知识都要从这个窗口获得，村民掌握科技知识，这也是条重要渠道，同时也是各村宣传自身的主要阵地。每村至少1处栏，周期至少1个月。

农村的市场广袤却分散，电商巨头如淘宝、京东等，如果不与村村乐合作，自己去做，即使投入再大，也是事倍功半，很难在短时间内取得良好的宣传效果。毕竟，在农村，"游击队"有时比"正规军"更有效果。

目前做得好的刷墙公司是村村乐等少数几个公司，这意味着，广大草根创业者拥有了一个最好的机会，在电商巨头十分需要但又没有精力、人力去做的地方，是草根创业者大显身手的舞台。更重要的是，草根创业者不需要占领全国市场，只要在一个县域占据市场，就能够有利可图，而随着实力的增强，这个市场几乎是无限的，完全可以像村村乐那样，成为一个跨地域的平台。

2. 县域农村快递市场创业

国内各大电商在一线城市市场基本饱和的时候，都把目光投向了三线城市以下。而制约他们发展的，只是物流而已。目前，全国的快递网络都能够到达县级城市，但从县级到村级的物流却是当前快递业的一大软肋，普通快递包裹投递不及时，大家电等品类的物流需求更是无法满足。京东、阿里巴巴等各大电商平台为了布局农村电商，都在通过各种各样的模式推动县到村级的物流网络建设。

阿里巴巴的农村物流战略明确表示，要在3～5年内建立1000个县级运营中心和10万个村级服务站，覆盖全国1/3的县及1/6的农村。

顺丰布局全国农村网络，采取双向商流＋物流通吃的模式。据说顺丰已全面铺开农村网络，覆盖乡镇达1.3万个，相当于全国约40%的乡镇。顺丰鼓励员工回乡创业，把顺丰的服务网点下沉，通过内部创业直营模式建立乡村站点，把快递送到乡下同时推动"城乡购"，将土特产通过微店卖出。这是很有远见的一招，表明顺丰想完成城市农村双向的商品流动。

但是，中国地域辽阔，县级城市有几千个，每个县多则数百个村庄，少则也有上百个，有些边远农村住户少、距离远，如马尔康是四川阿坝藏族羌族自治州的首府，距离成都370千米，6万人口散落在6600多平方千米连绵不绝的群山险壑中。这些因素都决定了农村电商物流是一个非常难解决的问题。由于成本过高，国内几乎所有的快递公司都不太重视农村市场的开发，甚至可以说这个市场还处于一片空白之地。目前，一般的快递都不给农村地区提供送货上门服务，在乡镇一级的地区，也仅仅只有邮政快递能够到达，而且都只能自取货物。

但是，现在以手机为主的移动智能终端已经普及，网络村村通也正在实现，农村的网购总量年年都在增长，物流快递需求也在逐年增加，谁先看到商机，谁先切入市场，谁的成功率就会更大。

需要注意的是，在农村市场，很少出现一家通吃的情况。一个快递公司的快递员，他同时也担任其他快递公司的快递员，为对手打工是个不言自明的现象。这主要是农村消费潜力虽然巨大，但是具体到每个村，订单不会太多，一个快递点只做一个公司的业务根本吃不饱，只能做"一仆多主"的事。而对于快递公司而言，这块市场又丢失不得。面对这种现象，也只能是无可奈何地默认而已。好在他们的根本目的，也是在农村"扎营立寨"而已。

因此，农村快递市场一定要和O2O的物流以及多家快递流量聚合，而不是单一地只用一家快递，县级快递站点多半是三通一达＋顺丰＋宅急送＋各大企业配送点为一体的整合模式，这样的流量整合模式是具有价值的。

但从全国的各县域城镇来看，现在还没有实现全面的整合，这是一个商机。

对于县域农村快递市场创业的具体建议是：建立县级快递服务站，与三通一达、顺丰、宅急送等快递企业县级网点合作，单一个县的包裹流量相对来说是比较少的，如果做县级快递节点站，快递企业也是欢迎的。在从县到村的配送方面，如果包裹量集中，可以采用小货车配送，或者借助社会化模式整合资源。

【案例】 四川阿坝藏族羌族自治州的一个快递点

负责人阿金透露，在农村做快递，有一些方法可以让自己的快递运营得更顺利。

第一，选点。阿金的快递点设在阿坝师范学院门口。因为学校、政府机关、医院这样的企事业单位附近，上网方便，其中的员工文化素质相对较高，接受新鲜事物快，也乐于采用网购这种新购物方式，订单量比较大，往往可以省去很多配送成本；再者，这些单位通常也是一个地方的地标性建筑，方便快递公司投递和顾客上门取货。

第二，慎重选择电商平台及快递公司。做农村快递业务，不是选择知名快递公司加盟那么简单，从专业化的角度来说，在物流这一块，一些大的快递公司的实力肯定要超过淘宝，但是在农村市场，由于大家的消费观念问题，更多人愿意选择购买淘宝的商品，并且直接选用淘宝的物流体系，那么投资者如果选择和淘宝网合作，未来的生意就要好很多。阿金透露，自己与淘宝网合作，每天仅师范学校就有 100 多单业务，而之前与其他快递公司合作，一天下来也就几十单业务，两者不是一个体量级别的。

所以投资者在选择加盟时，一定要弄清当地哪个快递公司的业务量大（包括发货和收货），再加盟。

第三，选对配送人。自己配送成本虽低，但是时间耗费太多，农村市场地广人稀，往往会延迟发货，造成顾客和网店不满。所以最好的方式就是选对配送人，建议选择村干部，由他们代送货物。村干部经常到镇上办事，取货送货顺便为之，而且，能担任村干部的，本身在村里就有一定威望，村民比较信任，由他们代送，对其他村民是种很好的引导。碰上货到付款的模式，他们也会自觉处理，而不需要投资者自己去跑。

第四，会经营。正如上文所提到的，兼做多家快递已经是农村快递业的潜规则，所以投资者选取好一家，然后与上一级代理商谈兼做业务，一般很容易就能谈下来，这样可以扩大投资者的利润空间。

（资料来源：致富热，2016-08-15）

3. 利用互联网开网店、卖特产

现在淘宝、微信上很多个人都在卖自己家乡的特产，不用开实体店，不用麻烦的手续，就可以开始卖自己家产的农产品或者家乡知名的特产。相比于加盟，开网店所有的东西都需要自己全程操作，包装、发货等还是比较麻烦的，成本也比较低。身在农村的年轻人很快就能接受这样的方式，很多农产品都是通过众筹方式卖出去的，方法很多，道路也很多。现在天然农产品受到越来越多人的喜欢，而一些地方由于互联网不发达，这些东西并不能很好地送达到需要的人手里，这种现状正是创业的最佳时机。

【案例1】 大学生做农村电商"代购员"，帮助村里销售特产

地处山东省沂蒙山区的毛坪村，家家户户都以种植水果为生。

2016 年，赵西胜从上海回到山东老家，成为毛坪村电子商务服务站的负责人，主要职责就是通过互联网平台，帮助乡亲们把家乡的优质农产品卖到大山外。

赵西胜和三个小伙伴一起，首先把村口荒置了 7 年的一个大院改造成电商服务站，这个服务站，就是他们为村民们收发快递、产品代销、网上开店培训的地方。

为了推销家乡的农产品，赵西胜他们在淘宝网上注册了网店，为了吸引人，还请了美工，好好地装潢了店面。同时，又靠着在城市打工的经历，广泛发动自己的人脉，建立了五六个卖水果的微信群。开张 3 个月，仅仅是代销这一块，销售额就达到了 80 万元。

2016 年，水果市场疲软，苹果收购价普遍下跌，但是，因为赵西胜的电商服务站有很广的渠道，收购价不但没降，还比中间商高出几毛钱，很多村民都争先恐后地给他送货。

除了代销，赵西胜还教村民们如何开网店。

种了 20 多年苹果的村民吴正贵，从来也没有想过，有一天，他能坐在电脑前卖苹果。2016 年，赵西胜帮他建立了网络卖苹果的渠道，他第一次尝试在网上卖苹果。这个冬天，吴正贵和一个在外地的老战友取得了联系，通过微信朋友圈，短短 2 个月的时间就卖出了 300 箱苹果。刨去成本，这两个月吴正贵多赚了 1500 元。而如今的毛坪村，像吴正贵这样，自己建立起网络销售渠道的有近 30 人。

赵西胜的电子商务服务站，要服务的内容并不仅仅是这些。毛坪村地处山区，交通不便，距离最近的乡镇快递站点也要 20 多分钟车程。这个站点承包给了个人，考虑到成本，人手不够，快递员也不愿往返近 1 个小时的时间来取件。赵西胜便主动承担起快递投递的任务，装箱打包、收发快递，就连村民们日常生活需要邮寄的包裹都一并包揽。谁家有了订单，也可以来服务站免费领取纸箱。

不仅如此，赵西胜还发动在外地的朋友，动员他们利用自己的圈子，为毛坪村卖苹果。村里的苹果通过网络销往全国，并且卖到了好价钱。

毛坪村从20世纪80年代起就开始发展苹果种植业，这个有400多户人家的小山村，到2016年，苹果种植面积已达4000多亩，几乎家家种苹果，年产量在17500吨。

2016年，苹果销售并不乐观，可是村民王凯却还是靠着苹果赚了钱。其实，他种的，也不过是普通的红富士。但王凯的红富士，就能够卖到8块钱一个的"天价"。原来，王凯注意到，城市里的年轻人喜欢过圣诞节。圣诞节一个重要的道具就是"平安果"。王凯就特意在苹果上贴个膜，普普通通的一颗红富士就变身成了"平安果"，身价也直线上涨。2016年年底，王凯第一次小试牛刀，在圣诞节前不到一个星期的时间里，卖出了100多个"平安果"，比普通苹果多赚了600余元。而这一切，也离不开赵西胜他们的幕后策划，"平安果"的点子，就是他们想出来的。他们想，在互联网上冲浪的主要是年轻人，如果自己的产品不能讨得年轻人的喜欢，无形中就丧失了很大一块阵地。于是，他们就联合村里的年轻人，常常做一些有新意、时尚的东西出来，将毛坪村的苹果逐渐打造成一个品牌，往农业订制的方向发展。

落后的小山村，正在赵西胜的带动和帮助下，投身于互联网这个广阔市场，并享受着互联网带来的红利，村里的农产品通过网络走出大山。

（资料来源：中央电视台财经频道《经济半小时》，2016-01-06）

【案例2】 农村开网店有创意，"孕妇鸡"一只卖**300**元，供不
应求

常看看家住江苏省徐州市沛县杨屯镇欢口村，家里有40亩
地，种有小米、玉米等杂粮，今年收了近2万千克的粮食。2014
年3月，26岁的小常开起了网店。小常每天从早上8点"盯"
到夜里12点。"每个月大概能卖2000千克，赚3000多元。"小
常说。不过，他并不满意，"淘宝上光是卖粮食的就有3000多家，
要想在里面脱颖而出，太难了！"

缺创意，赔本也没赚到吆喝

网络，打开了农产品销售的一扇窗。农民"触网"，势头虽
然挺猛，然而，有的大赚，有的赔本，个中原因令人深思。要想
真正分享电商盛宴，农民面临诸多困难。

在江苏省宿迁市农村，农民桃雕师云守阳说："桃雕是当地
农民的传统工艺，也是个细活。一枚'八仙过海'，要在核上刻
出人物、坐骑等10多项内容，打60多个孔，一刀失误就前功尽
弃。"他干了几十年，手艺很好，但作品卖价并不高。师傅感慨
道："有一个城里来的徒弟，才学了三两年，把作品在网上挂出
来，就卖出了几千元的高价，怪就怪咱不懂网，落伍喽！"

在江苏省徐州市铜山区前八段村玻璃厂干了多年的农民李月
新，情况要好一些。2003年，他在淘宝开店卖特色玻璃罐。"一
个月赚个两三千块吧，不过，想做得更好便力不从心了。"李月
新说。和很多农民一样，李月新没读过几年书，网店出售的工艺
品的图片都是用普通傻瓜相机拍的。"这还算好的，村里不少人
还是手机拍的简易图，不论从光线、视角、修图等各方面都不专
业。推荐介绍商品时，语言也简单粗浅，大大影响了产品形象。
村里有的人搞电商，忙了几个月，一件也没卖出去。赔了本，也
没赚到吆喝！"李月新这样说。

创意好，"孕妇鸡"供不应求

对农民而言，农村开网店除了基本的网络及电商技能，更难

的是营销策划。在江苏省靖江市，瓜农孙明贤在别人的帮助下，2015年开始上网卖瓜。别人上网销量翻番，自己的瓜质量不错，销量却怎么也上不去。问题在哪儿？孙明贤告诉记者："我都是有啥卖啥，城里人的那些好点子，农民真想不出来啊！"

与此相反的一个例子是，同是农民，养鸡专业户尤高却在农村开网店赚了大钱。刚开始在网上卖鸡，他一天也卖不了几只。有一位记者朋友听说后，给他想出个"孕妇特供"的创意，并建议他按鸡龄分成不同价位出售。"最高的3年多老母鸡，卖到近300块。第1周，就一下子来了几百个订单，栏里的鸡都不够卖了！"

（资料来源：《新华日报》，2015-11-24）

五、农村旅游业创业领域

随着人们生活水平的提高和生活节奏的加快，越来越多的城市居民想到安静的农村放松休息。一到节假日，人们纷纷涌向乡村、田园，"吃农家饭、住农家屋、做农家活、看农家景"成了农村一景。

发展观光旅游业，投入可大可小。从小本经营角度出发，就是要充分利用现有的资源，如优美的自然环境、丰富的农业资源、较为宽裕的自住房和便利的交通来吸引游客。当然，最为重要的是有自己鲜明的特色。

不管是现在普遍流行的农家乐，还是观光农业，都是相辅相成的。开办农家乐投入少、门槛低，利用自家的一些设施就可以开门揽客，但是要做强做大也不是那么容易。而观光农业是指广泛利用城市郊区的空间、农业的自然资源和乡村民俗风情以及乡村文化等条件，通过合理规划、设计、施工，建立集农业生产、生态、生活于一体的农业区域，主要有观光农园、农业公园和民俗观光村等形式。

任何一种的旅游方式，都需要找准市场需求，突出乡土特色，要有明确的目标和市场定位。发展观光农业要有明确的区位选择。成功的观光农业园应该选择以下几种区位：①城市化发达地带周边，具有充足的客源市场；②特色农业基地，农业基础比较好，特色鲜明；③旅游景区附近，可利用景区的客源市场，吸引一部分游客；④度假区周围，开展农业度假形式。

同时，农业互联网化的趋势，不仅带动了农村市场的商品买卖以及服务，同时也促进了旅游业的发展。对于一些生产地标性特产的地方，可以通过搭建农村旅游体验平台，在为消费者提供乡村游以及特色产品体验的同时，带动农特产的销售。这种创业形式不需要太多商业化的推进，只要能够将全国的农业基地以及农特基地整合起来，然后将农特产的旅行体验粉丝作为主要的消费群体，就可以在带动农村旅游的同时，推动农特产的营销和推广。

【案例】 80后小伙利用"互联网＋"发展观光农业

重庆市云阳县水口镇青年创业者王志成便有这样一个令人向往的农场——石佛山生态观光园。

石佛山生态观光园位于水口镇，距离县城有30分钟的车程，海拔接近1000米。2016年，小王与人合伙通过土地流转，承包了当地100亩田地，用来开发生态农业观光园，发展乡村休闲旅游。他还结合电商平台销售生态特色农产品，依托"线下＋线上"的模式带动旅游业发展和当地村民致富。

从工程预算员到"农民"

2010年，从学校毕业的小王跟随亲戚到成都从事工程预算工作，几年时间下来，小王觉得打工不仅辛苦，也没有自由，而且发挥不了自己的能力。

不甘心为别人打工的小王辞掉了工作回到家乡，他看好前景良好的乡村旅游市场，决定发展生态观光农业。

至于为什么会选择生态观光农业，小王透露，2013 年的一天，电视上报道了一位都市白领辞掉高薪工作，回家发展生态农业并创业成功的新闻，这个故事一下击中了他的内心。想到自己家乡水口镇气候条件优越，环境优美，距离云阳新县城也很近。近几年，国家也在大力发展乡村旅游，生态农业焕发出蓬勃生机，目前家乡从事生态观光农业的人很少，有较大的市场空白。

发现这一商机后，小王马不停蹄地到各地考察。成都的乡村旅游发展较为成熟，他便去成都参观别人的生态农业项目，学他们的经验，周边乡村旅游有名声的区县，他都走遍了。通过考察学习，小王与别人一起合伙承包了佛安村的 100 亩土地，2015 年 5 月 1 日正式启动乡村旅游项目，2015 年 7 月正式建立源峰电子商务平台。

明知是"坎"也要往下跳

"创业确实需要勇气，当初说要搞生态农业，大家都觉得我疯了。"小王说起当初的选择，很是感慨。"我老丈人听说我辞了职要回来发展农业，都跟我急了，三天两头地打电话来或是跑家里劝说。"小王说。

"没听过谁搞农业赚钱的，家里负担不轻，不能是坎也要往下跳啊。"小王说。老丈人的担忧不是没有道理。小王的孩子才一岁多，一家三口一个月生活费最少要四五千元，自己辞职创业意味着家里不仅没有收入来源，还要投入巨额资金，而发展农业的效益谁都不能预估。

最终，合伙人的不断鼓励和妻子的信任让他坚持了下来，他坚信自己对未来的判断。"如果我放弃了，而别人却干成功了这件事，那我肯定是要后悔的。"小王说，"我相信乡村旅游会有很好的前景。"

自开始创业以来，小王勤勤恳恳，每天很早就往山上的项目部跑，经常凌晨才回家。对于没干过农业的他来说，很多东西都需要学习。规划项目、设计图纸、建立网站、设计等都需要他亲自参与，不懂的他便跑去问行家、查资料。他还参加了政府组织的"致富带头人"等相关培训，学习创业知识。

"创业时，很多你不曾设想过的问题都会接踵而至。"小王说，他承包了佛安村农民的田地，为了便于对园区进行管理，他们打算修建围栏和公路，而此举遭到了村民的反对，一是认为围栏挡路了，二是认为在园区修路，破坏了土地。

"和村民打交道要设身处地从他们的角度考虑，最大限度地方便村民。"小王和合伙人主动上门与村民进行沟通交流，把计划告诉村民，他们还请政府工作人员帮忙牵线沟通说服村民。小王还聘请了村民在园区打工，打理蔬菜基地或是果园，让村民自己管理自己的土地。"创业过程虽然很艰苦，但要有大无畏的精神。很多事情看起来不切实际，但只要一步一步在做，把每件事都做好了，那些看起来不切实际的东西就都能成为现实。"小王说。

利用互联网，跳出农业做农业

"传统的农业模式经济效益较低，所以我就想跳出农业做农业，通过互联网给农业打开不一样的窗户。"如今，小王和合伙人建立了石佛山生态观光园实体项目和源峰电子商务平台，依托"线下＋线上"两个平台发展农业。

线下即集合有机蔬菜、生态养殖、农业观光与休闲旅游于一体的生态观光农场实体经济；线上则是通过互联网整合销售当地农户的农特产品，推广乡村旅游。

2016年，石佛山生态观光园已经初具规模。在观光园内，一排整齐的木制避暑房掩映在一片小花丛中，湖水相伴左右，在蓝天白云的映衬下，园区别有一番风味。

"在我们这里，游客一整天都有耍头。"小王介绍，观光园内设置了开心农场、瓜果区、赏花区、垂钓区、露营区等，还种植有蓝莓、果桑等多种特色水果，可同时接纳上千名游客游玩。

源峰电子商务平台作为线上平台，将观光园自产的蔬菜、水果、肉类及合作农户的农产品搬到网上进行销售。"现在园内种植的李子、瓜果快成熟了，随时放到网上销售，有很多在外打工的云阳人都喜欢通过网站购买家乡的农产品。"小王说，通过"互联网＋"发展农业，当地农产品销量提高了，直接增加了农民收入。

对于未来的规划，小王希望能打造一个乡村的迪士尼乐园，游客们在他的观光园内能实现吃、喝、玩、乐、游等多位一体的体验，既能享受乡村的宁静，又不会感到无聊。

（资料来源：成功创业网，2016-07-11）

第四章

各地农民创业致富实例

一、带领乡亲创业致富的"领头羊"

"那一条走出大山的路，我走了 36 年。童年欢乐的笑声、少年求学的艰辛、青年逐梦的呐喊，每一次我都可以勇敢面对，因为身后有我的'靠山'。对咱山区老百姓来说，党和政府就是老百姓的靠山……"

2015 年 3 月 6 日下午，第十二届全国人大三次会议湖北代表团媒体开放日在全国人大会议中心举行，全国人大代表、罗田县锦秀林牧专业合作社理事长刘锦秀在发言中提到父亲的嘱托时突然哽咽，面庞清秀的她眼里满含泪水，在场的代表和媒体记者们无不动容。

原来，刘锦秀的父亲在 2015 年全国两会刚开幕时不幸去世，她向大会请假回家参加完父亲的葬礼后，再次赶到北京继续参加全国两会。自古忠孝难两全，但刘锦秀做到了。5 日晚上，刘锦秀赶回北京，一夜未眠，通宵达旦修改发言稿，她说："这是对父亲最好的悼念。父亲教导我，做人要有使命、有责任、有担当。我身上流着他的血，就应该勇敢前进，而不是一直哭。所以我最好的选择，是回到会上来。作为人民选出的代表，我应该履职尽责，为百姓代言。"

1. 备尝辛苦的创业之路

刘锦秀于 1979 年 3 月出生在湖北省罗田县一个贫苦的农民家庭。贫困，让她的求学之路早早断绝。13 岁那年，她就走出深山，开始艰苦的谋生生涯。她当过清洁工，摆过地摊，卖过副食，开过服装店。但是，艰苦的生活并没有熄灭过她好学的心，她利用一切机会充实自己。在外十几年的辛苦打拼也使她深刻认识到，没有知识就会到处碰壁，只有知识才能改变命运。打工之余，她从未放弃学习和提高自己。虽然仅有小学五年级文化程度，连一篇故事都读不下来，但她没有怨天尤人，暗暗发誓要用知识改变命运。她自学汉语拼音、背新华字典，阅读报纸，从网上了解信息，参加各种经济论坛，倾听专家教授的讲座，增加经营管理经验。她的个人素养在不断提高。尤其是《李嘉诚传》，讲述了李嘉诚从一个小学文化程度、端盘扫地的打工仔成为中国香港地区首富，这传奇经历深深激励了她。

年复一年，凭借勤劳的双手、不怕苦的韧劲和冲劲，以及"女儿不比男儿差"的坚定信念，她由一个打工妹蜕变成了知识女性，为她事业的起飞积聚了力量。21 岁，她在黄冈市成家，并经营了一家物流公司，生意做得非常成功，自己也过上了富足的生活。但是，富裕之后，她却还是不满足："我过上了舒适的生活，父老乡亲却在山坳里艰难度日，该怎样帮助他们呢？"她琢磨着，"该回家了！我要为父老乡亲找到适合他们致富的路子，帮助他们改变贫穷的面貌。"经过深思熟虑，她最终选择把娘家罗田县作为自己事业腾飞的起点。

罗田山区虽然是荒坡荒地，但拥有得天独厚的自然资源优势。她决定变废为宝，发展养殖业。然后，她尝试了养鸡、养牛，但都遗憾地没有成功。她没有气馁，深知创业路上，总是一路崎岖。经过仔细的调查分析，她发现，罗田气候适宜，草场资源十分丰富，如果进行山羊养殖，那一定会很有前途。而且，罗田山区人口 60 万人中有 50 万人是农业人口，人力资源也十分丰富。

2004 年，她不顾家人反对，毅然和父亲走进大山，开始了艰辛的创业路。父女两人在山腰搭起草棚安家。羊住一间，人住一间，饿了吃干粮冷饭，累了睡草棚竹床，夏天要忍受蚊蝇飞舞，又脏又臭，冬天寒风凛冽，又冷又饿，而全部的防护保暖就是一顶蚊帐、一盏油灯。

然而，突如其来的灾难让她的努力付诸东流。一位村里的老人遗留下的火星，烧毁了整个山林。刘锦秀在黑枯的树丛里欲哭无泪，只能安慰自己，明年如果长满山草，说不定正适合养羊。上天果然善待勤奋善良的人，第二年果然是放羊的好时候。

2008 年，刘锦秀建立的养羊合作社再遭重创。一场罕见的冰雪寒冻，冻饿死山羊 267 只，直接经济损失达到 30 多万。参加合作社的农户们万念俱灰，为之付出几年辛苦的刘锦秀更是心如刀割。但是，她没有在灾难面前倒下，她不仅鼓励农户们重新树立信心，也想尽办法挽回损失。她请来畜牧局的专家现场指导，还筹措资金 20 万元恢复重建羊舍，又筹措资金 10 多万元购回一批新的抗寒高产的波尔山羊。在她的示范作用下，合作社农户们纷纷开展抗灾自救行动，和她一起重建羊舍，优化品种，把雪灾寒冻的损失降到最低。

2. 顺势而为成立合作社

一分努力，一分回报，刘锦秀的养殖事业不断发展，取得了一定的经济效益。但是，刘锦秀始终没有忘记初心——带领大家一起致富。

2007 年前后，国家大力支持农民成立合作经济组织，尤其是专业合作社。当刘锦秀了解了这一政策后，她敏锐地感觉到，成立合作社，带动大家一起养羊致富的机会来到了。而从她的养羊经历看，山羊品种、养殖规模、经营模式、防疫技术、销售网络这一系列的问题，也不是一家一户养羊的传统方式能够解决。

2007 年 9 月，刘锦秀联合当地 5 个养羊大户，在罗田县畜牧局和县经管局的指导下，在县工商局注册成立了"罗田县锦秀林牧专业合作社"，注册资金 150 万元。合作社养殖基地承包租赁了近千亩天然草场，建设标准化羊舍 9000 平方米，全力打造了鄂东最大的山羊产业化基地。

刘锦秀写了一本《养羊技术手册》，这是她多年养羊摸索出来的经验总结。她免费分发到乡亲们手中，还进行免费讲解，吸引更多的农户加入养殖业中。为了更好地服务农户，她又提出，依托专业合作社，让合作社带动农户，养殖基地联系农户，吸收先进的市场营销理念，开发出自己的网站，注册了"山里美""薄金寨"等商标，还取得了无公害农产品产地认证和产品认证，并打算申请绿色食品认证。合作社的羊肉质量好，社员养殖的山羊供不应求，毛羊的价格也高达每千克 30 元，社员增收幅度明显。

2015 年，刘锦秀的专业合作社与各分社集中了全县 50% 以上的养羊大户，并在合作社内大力推广"1235"标准化养羊模式，从栏圈建设、种羊引进、种草、品改、疫病防控等方面对社员进行免费指导，为社员养羊提供产前、产中、产后全程服务。

创业有了初步成果，刘锦秀又着手进行其他工作，不断推行合作社模式，扩大全县的产业规模。因为，做一个成功的养殖大户并不是她的目标，她始终没有忘记，她是为了大家的共同富裕才回到家乡。为了增强合作社的凝聚力，增强合作社的市场竞争力，她在合作社—基地—农户联合养殖模式的基础上，创新了利益联结机制，对于高山贫困户，免费提供种羊，年底回购时才扣除成本；对于普通农户，卖给种羊，统一生产标准，负责技术服务，年底再行回购；对于有山林资源且建了羊舍，有规模化养殖意愿的农户，她免费提供种羊，负责技术和回收。而对于那些想养羊又资金不足的农户，她在信用社担保贷款。有榜样作用，有利益联结，更有后路保障，全县农民养羊的积极性大增，甚至有许多在城打工的农民也返乡创业。

当然，刘锦秀也没忘记用现代经营理念提升产业层次，用自己的舞台搭建出全县山羊养殖业的平台。

2008年罗田县县委、县政府经过充分论证，决定以锦秀林牧专业合作社为龙头，争创全省山羊养殖大县。县里出台优惠政策，每年拿出资金20余万元支持山羊养殖业的发展，并且明确锦秀林牧专业合作社负责全县山羊品种改良工作。省畜牧兽医局已将锦秀林牧专业合作社所属基地确定为"湖北省种羊场鄂东示范推广基地"。

3. 脱贫致富效益显著

羊全身是宝，羊肉可吃，羊毛可纺线，而羊肠线可以做手术的缝合线，羊角可以做梳子、刮痧板。经过精加工，一只羊的价值可翻两番。一对夫妻，养100只羊，一年就能赚到8万～10万元。养殖羊3年以上的农户，即使是部分残障农民，也能实现脱贫，走向富裕。

十多年的飞跃发展，在以罗田为核心的大别山区，一条集黑山羊良种繁育与推广、畜禽养殖、肉羊饲料研发与加工、畜禽产品深加工与市场销售、高端绿色肉类食品生产与研发、畜牧生产技术服务与推广于一体的产业链已经形成。合作社建立了湖北首家集屠宰、加工、销售于一体的牛羊肉产业化基地，辐射河南、安徽、湖北三省，刘锦秀带动7726家农户走上养羊脱贫致富之路。她的愿望初步实现。

平湖乡秋千厂村二组村民张艳华，是典型的贫困户，即使是多年在外打工，也没有挣上钱，家里的老小还得不到照顾。2010年，他回乡加入锦秀林牧专业合作社养殖黑山羊。六年过去，他家现存栏黑山羊418只，去年出栏肉羊220只，收入28万余元，一举脱贫。

在罗田县，像张艳华这样通过养殖黑山羊实现脱贫致富的社员户共有 800 多户，其中 39 户为残疾人家庭。

2015 年，刘锦秀考虑到还有许多人未能脱贫，就想把合作社更深入地扎到农村，她主动请命，参与了罗田县确立的精准扶贫"33111"工程，为精准扶贫养羊户提供良种供应、羊舍建设、科技培训、疫病防控、饲养技术指导、母羊保险、种草养畜、肉羊回收、文化植入、档案管理十个方面的精准服务。

参与了这个工程的彭深林说，养羊最发愁的，前期是种羊优劣，刘锦秀免费提供；后期最发愁的是技术保障和销售，刘锦秀一力承担。她派出的技术专员习水云每个月都会上门指导，一有疑问，也能立刻打电话咨询。

刘锦秀还筹办"合作社总社＋分社＋社员"的总社带分社、分社带社员的模式，以期带动更多的农户加入养羊致富的行列。

而即使罗田县的农户都富裕了，刘锦秀的脚步也不会停下，她的目光越过罗田县，投向更广阔的大别山山麓。她说："我想开凿一条河，一条源源不断的河，让更多人有水喝。"

4. 当选代表进京履职

2013 年年初，十二届全国人民代表大会在京召开。刘锦秀光荣地当选人大代表且将赴京履职。消息在罗田县传开了，大家沸腾了。合作社的养殖户们纷纷涌进刘锦秀家中，希望她把罗田县数十万百姓的小康梦，数十万百姓的致富经，告诉全国的农民们。

在履职期间，刘锦秀为大别山区牛羊产业不断呼吁。2014年，她提出发展大别山草食畜牧业的建议，农业部、财政部就此进行专项调研，并推动大别山区试点工作，政策的倾斜让山区养羊户大幅增加。大别山区政府针对牛羊养殖户的项目扶持较少，贫困养殖户缺资金，缺担保，贷款难。牛羊深加工企业少，农户以出售初级产品为主，牛羊养殖业附加值不高。这次，刘锦秀在大会上提出：扶持大别山区牛羊产业，带动贫困农户精准脱贫。

与此同时，刘锦秀牢记自己人大代表的使命，在许多领域为群众发声。2014年，她带来6条建议，2015年，她带来7条建议，涉及交通、教育、旅游、文化、环保方方面面。刘锦秀说："没当代表之前，我以为，这是一份荣誉，是一盏灯，能照亮我脚下的路，使我的创业之路更顺利；当上代表，走进人民大会堂的那一刻，我才明白，代表是一份责任和使命，我要变成一盏灯，去照亮更多的人。"

刘锦秀也从未忘记是党和政府的支持，才让她的事业拥有广阔的发展空间。有关部门在项目、资金和技术的重点关照，给罗田县锦秀林牧专业合作社的一系列荣誉都让她永远铭记。合作社先后被确定为"湖北省种羊场鄂东示范推广基地""湖北省十佳畜牧专业合作社"，被农业部授予"标准化山羊养殖示范基地"。刘锦秀个人也先后被授予第三届"黄冈市十大青年创业标兵"、第九届"湖北省十大杰出青年"、第十三届"中国杰出青年农民"提名奖、"全国三八红旗手"，并当选第十一届全国青联委员。2013年5月4日，刘锦秀作为27名"中国青年五四奖章"获得者的一员，在北京举行的"实现中国梦、青春勇担当"主题团日活动中受到习近平总书记的亲切接见。

刘锦秀说，没有各级领导的关心，没有相关部门的支持，没有全体社员的共同努力，合作社不会有今天的成功。但是，她不能满足于一点一滴的成绩，合作社未来的发展不可以止步不前。她在今后，除了继续带动社员发展山羊养殖外，还要在山羊的加工增值方面做更大的提升和突破。养羊，是她的事业；为县域经济发展做贡献是她的追求；为农民增收致富，是她最大的梦想。

（资料来源：《中华儿女》，2015-04-27）

二、种植羊肚菌，让他赢得千万财富

有一个小伙子，虽然才22岁，但拥有了复杂的创业经历，屡次失败，两年赔掉了将近 20 万元钱。但最终，他从 1 万元起家，靠着羊肚菌，三年后，卖出了 2000 多万元。他曾经跋山涉水，奔赴千里之外，在高山寻宝，找到了这种羊肚菌，并以极大的勇气，种植了 800 多亩，吸引了国外的经销商，引来了媒体的热烈关注。他就是 90 后小伙子高基盛，让我们看看他一步步走出失败困境，变成创业能人的经历吧。

1. 敢于挑战，吸引外国经销商

小高的这片种植基地，以前并不是没人承包过。在这块地上，从 2008 年地震后，有人种过菜、种过树，也种过食用菌，但没有人挣到钱。所以，小高承包后，大家也很关注，想看看他能变出什么戏法，把大家眼中的荒地变成聚宝盆。

小高要种植的也是食用菌，是一种菌帽形状很像羊肚的菌类，叫羊肚菌。羊肚菌是一种世界上有名的珍稀食用菌，有"菌中之王"的美誉。但是，在很多人都失败的地方，小高这个 90 后，能成功吗？

小高说："羊肚菌在市场上非常抢手，每千克干货的价格，放到市场上能卖 1500～3000 元。"在小高承包以后，他的羊肚菌也引起了法国的经销商和媒体的关注。即使是在法国，这种菌类也很珍贵，一般在重要节日才能吃得到，每千克在七八十欧元。

羊肚菌到底为什么价格这么贵呢？是物有所值还是人为炒作呢？在别人干啥啥不成的地方，高基盛又是怎么干起来的呢？

2. 注重种植细节

2017 年 3 月，正值羊肚菌采摘时节，小高正领着农户采收。羊肚菌的采收很有讲究，高基盛要求更严，连一些微小的细节也不放过。记者见到，为了桶的摆放位置，他和农户争执了起来。小高说："你们最好把桶放沟里。桶不能放在上面，注意一下，小心，因为菌丝一受挤压就被破坏了。"一旦破坏了菌丝，就会影响产量。尽管菌丝用眼睛看不到，但菌丝在泥土里和蜘蛛网一样密密麻麻的，所以收割时不仅不能用桶压，也不能直接拔出羊肚菌，这些都会损伤菌丝。收割时必须用刀割，至于怎么割，他也有自己的要求。而要达到这个要求，收割时下刀的位置至关重要。小高说："以前他们使劲往下压，多些重量多卖钱，导致羊肚菌不镂空，但现在客户需要的就是这种镂空的羊肚菌。镂空的羊肚菌几乎没有泥土，干净卖相好。卖价最高的就是像这样把菌柄剪掉，只留下菌帽的羊肚菌。根据经销商的不同要求，提供不同规格和质量的羊肚菌。"

如今高基盛种植的羊肚菌有800多亩，今年的销售额达到了2000多万元，而做到这一切，小高从1万元起家只用了三年时间。

3. 看到希望，迎来转机

小高是福建人，22岁开始做生意，卖过苹果，开过服装店，又跑过运输，但几番折腾下来都失败了，两年时间他不仅赔光了家里的10多万元积蓄，还欠下了8万元钱的外债。"睡觉前要想一想那笔钱该怎么还，让我睡不着，因为出去打工赚不了几万块钱，所以想再去创业，没有想退路。"小高说。

小高再出去打工，积攒了1万元钱后，他又开始寻找新项目。2014年3月，他突然只身一人，从福建跑到四川绵阳，跟家人说出去打工，实际上他看上了一个新项目。

他先拜师学艺，他的老师叫朱斗锡，是四川省绵阳市食用菌研究所的教授，也是中国人工栽培羊肚菌的发明人和创始人，当时小高就是奔着他而来，下决心要学习羊肚菌人工种植技术。

"当时我就比较迫切，一来我就问七七八八的，不懂的我就问。"小高说。学成之后，2014年8月小高在绵阳市安州区包了2亩地，投资了1万元，开始试种羊肚菌。种了几个月后，来参观的农户们都替高基盛捏了把汗，种其他食用菌都有菌棒或苗子，小高这儿却一片空地，什么也看不到。

　　周围的农户心想这怎么会出菇，什么都没看到全是土。小高却特别认真，每天都一个姿势，脸贴近泥土，趴在地上，一趴就是一天，经常累得腰酸腿疼。

　　地上都是土，他到底在看什么呢？原来羊肚菌和其他食用菌不一样，羊肚菌出菇很集中，大概在前后二十多天出齐，出了是羊肚菌，不出全是土，但是土地的颜色会有变化，他观察的就是这个。就这样又过了一两个月，突然有一天，小高有了一个惊喜的发现，他想马上打电话给父母，激动得手都无法拨号。

　　他这么激动，是因为他发现土里有些个头很小的羊肚菌冒头了，这些菌比指甲盖还小，叫报信菇，说明大量的羊肚菌即将破土而出。报信菇白白的，就跟白糖一样，有的比白糖颗粒更小，很难看见，不仔细看，根本看不见有东西长在那边。

　　看着报信菇一天天长大，小高心里那个乐，到了二三月份收获的季节，高基盛走路都小心翼翼，生怕伤害了这些宝贝。

　　"看一颗走一步，看一颗走一步，就这样走，像这个一颗就得卖十几块钱，踩一颗就伤害一颗，我们就少卖一部分钱。"小高说。损失少一点，收获就多一点，这一年小高的羊肚菌共卖了3万多元钱。尝到了甜头，他又自信又兴奋，他决定再扩大面积，来年大赚一笔。

　　2015年10月，高基盛借款20多万元，扩种到了20多亩。2016年1月到了出菇时，报信菇的密度远远超过了他的想象，比上一年的出菇数量翻倍。

　　4. 遭遇挫折，更加强大

　　"看起来密密麻麻，满地都是钱，当时心里特别高兴。当时心里想，是不是种少了，应该多种点。"小高说。他盘算着，如果顺利的话，这一年赚70多万元不成问题，可接下来发生的事情，却让高基盛措手不及。2016年1月，一场倒春寒突如其来，几天时间冻死了很多羊肚菌。

小高说："老天爷收走了一大部分，整个看过去我坐在那里傻了。"绵阳市食用菌研究所朱斗锡教授说："它虽然是一个低温品种，但低于零度它就不生长了。"最终这一年因为倒春寒减产了大半，小高心里很难过。遭受了这么大的损失，很多人觉得年纪轻轻的他可能挺不住了。

朱教授说："怕他挺不过这个关，怕他不搞了，半途而废。"农户也担心，如果小高干不下去跑了，他们该怎么办。

小高不但没有倒下，反而在一年时间内，把种植面积从20亩一下子扩大到了800多亩，总投资要1000多万元，高基盛从哪儿来的资金，他的信心又从何而来呢？

2016年5月，高基盛回到福建老家找朋友们投资，他本想借个100来万元，扩大100多亩种植面积，没想到的是朋友们一下子投资了1000万元，高基盛放胆把种植面积扩大到了800亩。

他这么做也不是盲干，而是心里有数，虽然遭受了冻灾，但在那一年销售季节结束时，他曾算了一笔账，这笔账给了他信心和勇气。

小高说："冻死那些不算，我现在收回来成本，还能赚一点小利润。要是说没有冻死那么多，那利润得有多高，我就想过得去，不怕。"之后，他全力以赴投入到羊肚菌种植中，每年三四月份，羊肚菌生长的季节，他都要做一件事，就是到大山里寻找野生羊肚菌。

他在山里寻找野生羊肚菌非常艰难，山路陡峭，接近90°的斜坡到处都是，再加上刚刚下过雨，山路又湿又滑，非常危险。但是多次深山寻宝，练就了高基盛在悬崖峭壁上攀爬的能力。野生羊肚菌在我国分布广泛，很多省份都有，产量最大的是四川和云南。野生羊肚菌一般生长在海拔1000～2000米的山上，数量稀少。小高说去年找到过羊肚菌的地方，今年再长的可能性就很大，而且羊肚菌对生长环境有一定的要求，它喜欢背阴、水分充足的地方。

他需要找到个头大、周边生长密度也大的野生羊肚菌做繁育用的母本。如果他每年都从自己的基地里选取母本，那一年又一年繁育后，产量就会越来越低，而如果每年都有部分优质的野生羊肚菌做母本，制出来的种子产量就会比较高。

5. 善于思考，勇于创新

2016 年 5 月，小高开始着手新一年的种植计划，有了优质的野生羊肚菌，他觉得万事俱备。但过了一周之后，就发现不对劲了。"800 亩，不是说 20 亩地，20 亩地的话很容易做出来，但如果说是 800 亩的话，种子到底该怎么办？"小高很发愁。

原来的羊肚菌制种一直采用固体菌种培育的方式，小高也是如此，但是，这种培育方式有优点，也有致命的缺点。"固体栽培种子，小面积种植的话省钱省事，不用弄一些什么设备之类的。如果大面积就不行了，用固体栽培的话根本赶不上。"按固体菌种培育的速度，800 亩地的种子根本就做不出来，后果不堪设想。

合伙人说："赶不上的话，那咱们 800 多亩的地那就是没法播种，前期投入的土地租金、材料成本，这些都相当于是泡汤了。"

一个月后，小高还真想出了一招，这招不仅让自己 800 亩地的种子不愁，有农户也想跟着他发展，他也敢大胆地接手种子的订单了。

"如果现在的农户还有几千亩地要播种，甚至几万、几十万亩地我都不怕了，因为现在我手上掌握的是核心技术。"小高手里拿的是液体菌种培育的器皿，他在搜寻资料时发现，金针菇、杏鲍菇等菌类都可以用液体菌种培育种子，因此，他灵光一现，有了液体菌种的主意。

终于，小高在朱斗锡教授的帮助下，摸索出了用液体培育羊肚菌的方法，这个方法制种的速度更快，解决了大面积种植羊肚菌的瓶颈，而且羊肚菌的长势也更好了。朱教授说："液体菌种在食用菌方面也在广泛应用，但是在羊肚菌培育上小高是第一家。"

2017 年 3 月，小高的羊肚菌丰收了，吸引了很多经销商上门来收购。随着羊肚菌的知名度越来越高，国内外市场的需求量也越来越大，2017 年他的年销售额达到了 2000 多万元。

羊肚菌作为餐桌上的美味也有很多的吃法，可以炒着吃，也可以煲汤时放几个羊肚菌提味，让汤更鲜美。不过，想吃新鲜的羊肚菌只有二三月份收获的季节才能吃得到，其他季节吃不到。羊肚菌不容易保存，三四天就容易坏掉，烘干后的羊肚菌解决了这个问题。

小高说："新鲜的羊肚菌我们要拿 8 千克左右才能烘成 1 千克干的，这种干的，可以保存 3～5 年。"新鲜的羊肚菌市场批发价格在每千克 160 元左右，而烘干后的羊肚菌平均每千克能卖到 2000 多元。很多农户看高基盛赚到了钱，也动了心，试种后有的已经收获了成果。

羊肚菌的种植虽然让很多人收获了财富，但是专家也提醒读者，投资有风险，还要因地制宜。朱斗锡教授说："除了干旱的沙漠和盐碱地不能种，还有就是热带不能种，其余地方都可以种。不要盲目发展，可以先慢慢试种，试种成功后再慢慢扩大，这样风险较低。"

羊肚菌从种植到收获时间比较短，头一年 11 月播种，来年三四月份就采收完了。一年中其他几个月时间土地都空置着很浪费。所以，2016 年高基盛还试种了 2 亩鸡㙡菌，鸡㙡菌也是一种有名的菌，干货的批发价格一般在每千克六七百元。鸡㙡菌的种植时间和羊肚菌刚好岔开。

"岔开的这个时间种点鸡㙡菌，轮作可以减少病虫害，对来年种羊肚菌也有好处，还能增加我们农户的收成。"小高说。

由 1 万元起步，经过 3 年的打拼，小高从一个穷小子到赢得千万财富，终于实现了自己的财富梦想，创业也使他更加成熟。

"创业第一次失败、第二次失败，都不可怕。通过这几年的成长我明白了，如果你有一颗坚强的心的话，在创业中遇到什么事情都不是问题。"小高说。

（资料来源：央视网，2017-04-18）

三、桃里淘金

1. 爱桃如命

安徽省的刘光战是一个爱桃如命的人，他向传统挑战，桃里淘金，成就了自己的财富梦想。他的桃园面积有 2800 多亩，品种达上百个。按照软硬程度不同，可以分为软桃、半不软桃和不软桃。

刘光战声称他的不软桃用脚踩都不会烂，不光踩不烂，踩了之后还不影响口感。用脚踩桃是刘光战常用的推广方式。对于卖桃的人来说，不软桃的优势非常明显：一般的桃子成熟之后必须马上采摘销售，否则几天之内就容易变软烂掉，不软桃却可以在树上挂一个多月，大大延长了销售期。不软桃也正是刘光战的主打产品，在他的桃园有 33 个品种的不软桃，熟悉的人都知道，刘光战对桃的感情很不一般。

刘光战的表嫂说："我老表这个人，他拿那个桃子就跟自己的命一样。"在他的世界里，桃永远是排在第一位的。刘光战种了 18 年桃，打造出了一条从育苗到种植、销售及深加工的全产业链，2016 年销售额达 3000 多万元，种植面积也从 300 多亩猛增到了 2800 多亩，这惊人的变化背后，到底发生了什么呢？

2. 急性子，挑战传统

刘光战家境贫寒，初中没读完就辍学了，但他始终有一个信念：要创业，要做一番事业。他说："别人上学上好了有工作，我没有上好学，但我就想一辈子干出一件事，要干成一辈子的一个事业这样去做。"种桃是当地的传统，在经历了摆地摊、开商店都没有赚到钱之后，刘光战把希望寄托在了自家的几亩果园上，并且有了一个在别人看来是胡闹的想法：他要让桃树两年达到丰产！

桃农都知道，过去有一句古语："桃三杏四梨五年。"桃树三年才能成型，第四年才能丰产。对于种植户来说，三年成型四年丰产是不可能改变的规律，但刘光战却等不及了！

他说："我想让它见效更快一点。我等不及，我干啥事性子都比较急，我这人越是别人说不行，但我感觉行的，我就想试试。"

2002 年，刘光战流转了 70 多亩地，一部分种桃树，一部分培育桃苗，他和村民签订合同先赊欠地租，到年底卖了桃苗再交钱。但刘光战接下来的种种举动却让他成了全村人的笑柄。

当时，别人家的桃园树与树之间留有足够的生长空间，每亩大约种 30 多棵树，但刘光战居然每亩地种了 330 棵，比别人家每亩多种了近十倍的桃树！密密麻麻的桃林，人钻进去就晕了！不仅种植密度高，他还给每棵桃树都绑上了一根竹竿，对于这样的做法，村民们都表示，实在是看不懂。

当地村民说："一根竹竿五六毛，一亩地光竹竿就一二百块钱，钱都让卖竹竿的赚走了！"刘光战的母亲说："人家都笑话你，你胡闹，人家都刨桃树，你绑什么竹竿！"他说："你等着看，等他们见着桃就不笑话了。"

他开始了一场与时间的较量，他定下目标：让高密度的桃园两年达到丰产！他之所以信心十足，是因为他发现桃树本身长势很快，即使按照传统的方法，也能在第二年就结出少量的果子，只不过老方法讲求先长树后修型，因此营养不能被及时吸收，再加上疏于管理才导致长势不快。他相信只要琢磨出一套精准有效的促生长方法，就肯定能实现第二年丰产。其中，有一样东西非常关键，那就是竹竿。

刘光战说："这个竹竿，栽的时候就必须要用，我种桃树就是边长树边修型，没有这个竹竿，那个树型是长不成那样的。"他的促生长方法是从桃树发芽就开始修型，增加剪枝、施肥的次数，树型也修得比原来高很多。

他说："它就像城里的楼一样，要有高度，它才有立体的产量。"

他清楚要想打破传统没那么容易，为了掌握更多的技术，他拜访了很多专家，看了上百本书，并养成了随时记笔记的习惯。"随时想到、看到的必须记下来，不记下来，瞬间想到的最美好的东西就忘记了。"他说。刘光战的妻子说："他想到什么东西就写下什么东西。写到墙上是激励自己每天去看，每天睡觉前还看，压力相当大，自己激励自己向前走。"

3. 创业遭遇重创，背负一身债务

到了夏天，桃园一片枝繁叶茂，刘光战小心翼翼地照顾着每一棵桃树，盼着硕果满园的日子早点到来，但这一天并没有如期而至。

2002 年 9 月，一连几天的雨让刘光战心急如焚，因为地势较低，桃园里的积水无法自动排出，刘光战忙活了几天几夜，最终也没能改变整个桃园的桃树全部被淹死的结局。

他说："我们干了有好几天，把水搞出去了，但是树根也泡坏了，看着上面还活着，其实根已经死了。"

一场大雨让刘光战的心血全部清零，更紧迫的是赊欠农户的近 10 万元地租需要在年前付清。除了借钱，刘光战没有任何办法。他说："不好借我就写名单，看谁最好借，谁最不好借，谁最好借的，我就第一个问他张嘴借。"他表嫂说："就跟要饭的一样，以前他受的苦就不要说了，他的事有时候不能当着他的面说，你一说他就难过，他就掉眼泪。"

一点点借，一点点还，刘光战终于赶在年前还清了地租的钱，但也背上了一身的债。他的母亲忘不了，当时儿子连2块钱的理发钱都拿不出来。在老家，有一天他和妻子在院子里坐了大半天，商量着要去村里的商店赊一些面条回来，当时的情景刘光战一回忆起来就无法平静。他说："家里吃的油盐酱醋什么都没有了，我给我老婆说你去赊去，她说你去赊去。"他妻子说："本家婶子她以前借过我的钱，正说着话呢，她就来了，我说你怎么来了，她说我还欠你的200块钱来了，我就说我没有问你要钱，你怎么知道我缺钱呢，正好没有饭吃了呀！当时就赶紧拿着那200块救命的钱买面条去了。"

4. 坚持到底，实现盈利

一心想要做一番事业，结果却背上了一身债，刘光战该怎么办呢？

雨灾过后，刘光战在2003年用借来的钱完善了排水系统，再一次种上了桃树，并住进了桃园新建的棚子里。"我就下定决心，无论干什么我都要尽我最大的努力，全力以赴，必须一心一意把事情做好。"他说。为了确保万无一失，刘光战白天、晚上都守在桃园。到了夏天，除了酷热，更难以忍受的还有无处不在的蚊虫。很难想象，从抽出新芽到桃花盛开，再到长出果子，刘光战付出了多大的心血。

2004年6月，桃园迎来丰收，听说不到两年的桃树就结满了果子，十里八乡的人都跑来看热闹。有个种植户说："头一年的树一棵树结了48个桃，我都数过了。"

从栽种到收桃16个月，刘光战实现了让桃树两年丰产的目标，成功的味道甜滋滋的。他把桃拉到徐州的水果批发市场销售给经销商，净赚了十几万元，刘光战的信心更足了！接下来的几年，他用滚雪球的方式不断扩大规模，同时增加新的品种。

品种不同，桃子的果形、口感都不一样，渐渐地，刘光战养成了一个习惯：随身带着水果刀，走到哪儿就吃到哪儿。刘光战说："我一天能吃三四十个桃，必须要尝出来长在什么地方的桃好吃，哪一个品种好吃，什么时候施的肥，这个肥料对桃的口感有什么样的影响，这个第一手信息必须得自己了解。"

5. 突破桃容易变软的瓶颈，培育新品种

亲力亲为的试验和摸索让刘光战成长为种桃的行家，产量不断增加，到 2010 年种植面积达到 300 多亩，然而随之而来的却是一个棘手的问题。

大部分品种的桃都有一个致命的缺点，那就是成熟期短，几天之内就会变软烂掉。因为这个弊端，每年的丰收时节，本该高兴的刘光战却忧心忡忡。不仅仅是他，其他的种植户也都为此感到头疼。

他说："这种情况是种桃的短板，是最棘手和最头疼的一个问题。过去传统的水蜜桃，当天摘，只要过一夜，第二天拉到市场，就软了，人们就不要了。"

桃子容易变软是品种本身的特点，无法改变，但如果这个瓶颈打不破，就无法再扩大规模，并且只能被市场牵着鼻子走，究竟有什么办法能解决这个问题呢？刘光战从一个快被淘汰的品种上找到了突破口。

这种桃俗称"一口扔"，口感不好品质差，咬一口又酸又不好吃，所以就起名叫"一口扔"。"一口扔"虽然口感很差，但有一个特点——硬，成熟之后放一个月都不会变软。刘光战决定用其他口感好的品种和"一口扔"进行杂交改良，培育出又硬又好吃的桃，对此，很多人都不看好。

刘光战说："他们说不可能，你搞私人育种，别说私人了，有的单位用国家项目资金去搞，一辈子都搞不出来，你搞私人育

种能搞得出来？我干事的方法就是我遇到什么问题我就想办法，我觉得总有解决的办法，办法总比困难多。"

2010年，刘光战投资100多万元建起了实验室，他到处奔波拜访专家，高薪聘请专业技术人员，历经三年，终于取得了成功！用"一口扔"和其他优良品种培育出的"不软桃"，由于硬度高，不软桃可以轻轻松松地切片切丝儿！

原来的软桃成熟后几天之内就必须采摘，但不软桃成熟之后在树上挂50天都不会掉落，即使摘下来也可以再放半个月，销售期被大大延长。种植户说："如果说现在行情不好，我晚卖10天也行，晚卖半个月也行，能沉住气卖，比软的桃每亩多卖几千块钱。"刘光战说："它不光不软，一个月里想什么时候卖，就什么时候卖，没有风险，这就是说能让我们种桃的有话语权。"

有了主动权，刘光战开始迅速扩大规模，除了自己培育，他还引进了很多其他的品种，在刘光战看来，品种的不断更新是事业发展的重要一环。他说："现在水果行情下滑得比较快，每个品种的周期不超过五六年，价格就下来了，所以说我们利用新品种、新技术，这样创造的效益更高、更快、更稳。"

有越来越多的农户找到刘光战购买不软桃的桃苗，请教技术。刘光战正在筹划成立合作社，带领种植户们抱团发展！

2016年，他投资800多万元建成罐头生产车间，深加工之后的产品利润比鲜桃增加了一倍，而且所有的原材料都来自他自己的基地。自此，从育苗、销售再到深加工，刘光战打通了一条产业链。除了做罐头，他的桃子还被很多餐厅做成了各式各样的菜品。

2016年，刘光战在国家4A级景区皇藏峪国家森林公园附近流转了1200多亩地，他要打造一座以桃文化为主题的乐园。

"我们准备建成有山有水有园、有吃有玩有住的乐园，而且一年365天不间断供应鲜桃，以前的桃只有5月份到10月份有，只能吃6个月，我们准备以后再延长6个月。"他说。

2016 年，刘光战的桃收入 700 多万元，桃苗收入 1200 多万元，罐头收入 1000 多万元，总收入超过 3000 万元！

刘光战爱桃，也正是这份痴迷让他找到了要干一辈子的事业。对于他来说，桃，能带来的已经不仅仅是财富。"你把它种上，开了一树花，结了满树果，无论是自己吃，或者送亲戚、送朋友，又或者是卖了赚钱，它是一切的来源，它是很有希望的！"他说。

（资料来源：央视网，2017-03-22）

四、带着全村种植猕猴桃致富

河南省南阳市西峡县丁河镇的王龙敏这半辈子，从村干部一直当到乡干部。他心心念念带领大家脱贫致富，最后选择种植猕猴桃，因为他知道这是一个可以让乡亲们脱贫致富的好产业。

丁河镇的猕猴桃人工种植面积已达 2.5 万余亩，今年预计产量可突破万吨，产值超过亿元。另外，这万亩猕猴桃生态示范区还被省科技厅命名为"省级农业科技示范园区"，成为全市唯一获此荣誉的。

记者前去的时候，看到一眼望不到边的猕猴桃园内，绿藤延展，串串花蕾含苞待放。果农们在园子里打芽、施肥，一派忙碌的景象，预示着丁河镇猕猴桃产业的兴旺与发达。而这一切，都与王龙敏 33 年的努力分不开。

1. 带头试种猕猴桃

王龙敏是丁河镇瓦房村人，1984 年，他被群众选为瓦房村党支部书记。他一边为村里的公共设施忙碌着，修路、架电线、建校，改变村里的面貌，更重要的是，他考虑着怎样带领群众走上致富之路。有一年秋天，他到山上转悠，恰好撞见了一片野生猕猴桃树，"当时，那树上全是绿叶，下面结着密密麻麻的果子，一下子就喜欢上了。"他说。

于是，他开始查阅相关的书籍、资料，知道了猕猴桃丰富的营养价值和巨大的经济价值。他就向猕猴桃专家朱鸿云虚心学习猕猴桃的生长习性、管理方法、技术流程和实践要点。第二年，他带领乡亲们在山上一下子种植了 400 亩猕猴桃树。三年后，这些猕猴桃树结出了串串果子，他们一下子卖了 10 多万元，这在当时真是一个天文数字！

自此，瓦房村在西峡县率先种起了猕猴桃。1991 年，王龙敏和一位老农闲聊，知道了一件稀罕事。那位老农说，前一年扔在家里沙堆上的野生猕猴桃果子，到了春天，竟然可以破口出芽。王龙敏一下子就上了心，并给了他极大的启发，这说明野生猕猴桃也许可以用种子育苗。1991 年，王龙敏转正为乡干部。也就在这一年，他用野生猕猴桃果子首次成功培育出了猕猴桃苗子，而且一亩苗子能卖出 7000 块钱的高价。

2. 猕猴桃园"主心骨"

猕猴桃人工育苗成功后，适逢西峡县县委、县政府沿 312 国道打造猕猴桃长廊，时任丁河镇副镇长的王龙敏看准时机，觉得猕猴桃大发展的时机到了，决心领导群众连片种植。但是，大家并不太情愿。

王龙敏先从他的老本营简村开始劝说。村民李光杰至今记得，王龙敏给他打了包票，"咱村从你开始，我给你打包票。"

李光杰回忆："当时麦子已经种到地里了，老王来了，说是要种猕猴桃。"王龙敏说，种麦子，一年种下来能挣多少钱？几千块钱了不得了，顶多能填饱肚子。但要是种上二三亩猕猴桃，过个三五年，每年就有五六万元收入，是种庄稼收入的十几倍。

李光杰听从了老支书的话，把家里的两亩地都种上了猕猴桃，刚挂果就卖了 1.2 万元。榜样的力量是无穷的，简村的群众都兴奋起来，最终村里 400 亩河滩地全都种上了猕猴桃。经过这几年的发展，简村猕猴桃种植面积已达到 2200 亩，2017 年有 70% 进入了盛果期。依托猕猴桃，2016 年简村顺利摘掉了贫困村的帽子，这时候，大家开始感谢王龙敏的先见之明。

有了简村的试点，2012 年春，联想控股华夏联诚果业有限公司想在丁河镇集中连片发展猕猴桃，他们找到了王龙敏。又是王龙敏四处做工作，苦口婆心劝说，在邪地村一次性为华夏联诚果业有限公司流转土地 1200 亩种植猕猴桃，为丁河镇猕猴桃产业向企业运作、大户流转奠定了基础，更为西峡土地流转开辟了先河。

截至 2017 年，丁河镇已建成 2 个万亩猕猴桃生态示范区，全镇 29 个行政村中有 24 个村是猕猴桃种植专业村，全镇 60% 以上的农户种植猕猴桃，人均纯收入 80% 以上来自猕猴桃产业。

3. 群众满意是标准

"让群众满意了，信你了，事都好干！"王龙敏说。

简村、凤山、北峪、瓦房等村，无论是种植基地的农户、猕猴桃合作社的社员，还是外地来的客商，提起王龙敏，感激之情都溢于言表："他就是丁河猕猴桃园的'主心骨'……"

王龙敏首先找到县桃办，通过他们搭桥，在丁河镇引进了这些优质品种，在凤山、茶峪、木寨、简村 4 个村连片规模化种植了 1000 多亩猕猴桃树。公司与农户签订销售协议，实行订单作业，这些猕猴桃的收购价格远远高于市场价格。

随着知名度的提高，外地的猕猴桃种植大户花大价钱请王龙敏去做技术指导，却被他一一谢绝。他说："一个人一辈子只要能干成一件事就行，我的事就是做好丁河镇的猕猴桃。"王龙敏当过村党支部书记、乡民政所长、副镇长、副科级干部等职，如今即将退休，他无怨无悔，仍奔波在田间地头，一直为丁河镇的

3 万名果农忙碌着。

2016 年，在他的主持下，丁河镇在北部山区完成了野生猕猴桃园改造 2000 余亩。他说："野生猕猴桃将是猕猴桃产业新的经济增长点。"

接下来，他将带着野生猕猴桃让乡亲们在致富路上越走越远。

（资料来源：大河网，2017-04-19）

五、稻田养殖小龙虾，实现年纯收入上百万元

2017 年春，湖北省潜江市龙湾镇科技示范户魏承林家门前停了一辆崭新的小皮卡车，引得左邻右舍来看热闹。魏承林笑哈哈地说，马上要到收虾旺季，买皮卡是为了方便到张金镇的承包基地运虾。

魏承林告诉记者，他除了在黄桥村有 60 亩虾稻田外，2013 年下半年又在张金镇承包了 270 亩虾稻田，其虾稻田总面积达到了 330 亩，年纯收入过百万元。

1. 无心插柳，捕鱼捞虾发现商机

魏承林是龙湾镇黄桥村二组人，因家里人多地少，守着十多亩薄田，生活捉襟见肘。为改变家里的窘况，魏承林在 2000 年前后先后建起了养鸡场、养猪场。与此同时，他经常下河捕鱼补贴家用，就是这偶尔的捕鱼，让头脑活络的魏承林发掘了潜在市场，也改变了这位普通农民的人生。

原来，魏承林捕鱼时，经常捕到大小不一的小龙虾。当时，规格大的小龙虾每千克可以卖到七八元，而小的则仅能卖到 3 毛钱。他盘算着自家有一口面积为一亩的小鱼塘，如果将捕捞的小虾投放到鱼塘喂养大后再出售，可以增值不少。

于是，从 2004 年初夏开始，他将捕捞的小虾放到鱼塘里喂养，当年小龙虾居然卖了 2000 多元，这在当时是一笔不小的收入。无心插柳的举动激发了他专心养虾的劲头，他了解到积玉口镇稻田养虾风生水起，就专程去求教。回到黄桥村后，他彻底关闭了养猪场，把自家承包地和本组村民交换的 60 亩冷浸田进行了一番改造，开始种稻养虾，投放的虾苗全部是自己从沟渠中捕捞的。当年，魏承林出售稻谷和小龙虾获得了近 10 万元的收入。

第二年，邻居们见他经常用摩托车拖虾出去卖，回来手上总是有上千元的收入，一年轻轻松松可赚上 10 万元。村民们意识到光靠种田发不了财，连原来对养虾不屑一顾的村民李德金、黄东等人也开始向魏承林请教。

如今，黄桥村二组 43 户农户家家都开挖虾池进行稻田养虾，附近竺场村、冻青垸村、熊口镇等村村民也纷纷效仿。据魏承林粗略估计，2017 年，黄桥村周边稻田养虾农户已有 150 余户。

2. 眼光高远，科学种养效益倍增

魏承林虽然仅有初中文化，但他肯学习，善于钻研新技术。经过多年的摸爬滚打，魏承林掌握了一整套成熟的稻田养虾技术。每次市里组织的小龙虾养殖技术以及新型职业农民培育等培训，他都也没落下。通过参加培训，他开阔了眼界，也深切感受到"科技就是生产力"。

在参加市农业部门组织的小龙虾养殖学习考察时，魏承林发现自己养殖的小龙虾亩产量在 100 千克左右，而有的养殖户亩产量达 200 千克。经过参观打听，他发现高产的养殖户采用了"虾稻共作"新技术，而自己还是墨守成规沿袭"虾稻连作"模式。回去后，他很快对 60 亩虾稻田进行了改进，采用"虾稻共作"，使小龙虾亩产量提高到 200 千克。1 年小龙虾产量达到 1.2 万千克，销售收入达 31.2 万元，亩产值 5200 元，纯收入达 24 万元，亩纯收入 4000 元。

除了在养殖技术上下功夫外，魏承林还在节约开支上动脑筋。为降低成本，他自己配制养虾饲料。魏承林刚开始投喂小龙虾的动物性饲料采用的是螺蛳、蚌及价格相对低廉的白鲢、野杂鱼等，后来他发现有人用猪肺加工养殖黑鱼，从中得到启发，于是从 2013 年开始，他在淡季赴河南双汇公司采购猪肺，在熊口管理区租下冷库存放加工。用猪肺做动物性饵料喂养小龙虾，仅此一项可节约饲料开支近 2 万元。

3. 风格高尚，带动乡邻共奔富裕路

这些年，魏承林一直为扩大养殖规模苦恼不已。2013 年初夏，魏承林邂逅了张金镇柳亭河村十组的邓叶茂。邓叶茂告诉他，自己在张金镇老家还有几百亩的闲置鱼池，可以租给他，双方一拍即合。魏承林和邓叶茂签订了 5 年的合约，租下了 270 亩鱼池。

魏承林雇请了三个当地村民专心为他养虾种稻，自己则把主要精力放在技术指导和销售上。

2013 年年底，魏承林了解到冻青垸村有人摸索出了小龙虾的精养模式，这种养殖模式不种稻，而是在虾池种热水草，可以使小龙虾的上市时间推迟到 11 月份，巧打时间差赚钱，收益更高，每亩最高纯收入可以达到 6000 元。取经归来，他将 90 亩虾池进行了改造，开始了精养虾实验，其余的 180 亩田继续进行虾稻共作。2014 年，他共收获稻谷 15 万千克，仅稻谷收入就达到了 40 万元，加上小龙虾的收入，当年纯收入近百万元。

致富一人，带动一方。魏承林富了，但他没有忘记乡亲们，对在技术上有求于他的乡亲们，他毫无保留地进行传授。在他的带动下，黄桥村迅速掀起了养虾热潮。2011 年，黄桥村成立了小龙虾养殖专业合作社，魏承林任合作社社长。他热心帮助社员就近调配解决小龙虾苗种问题，组织社员相互交流养殖技术，统一集中销售商品虾，而这一切，都是免费的。小龙虾产业已经成

为魏承林及黄桥村村民增收致富的支柱产业，有不少人因此脱贫。黄桥村二组村民黄安平，家里原本一贫如洗，跟随魏承林养虾几年后，彻底摆脱了贫困。

魏承林到张金镇养虾后，又带动了当地 20 多户农户共同养虾。为此，魏承林获得了省农业厅颁发的"全国农技推广示范县科技示范户"荣誉称号，省农业厅授予的"2013 年度农业科技推广科技示范户"光荣称号，以及市委办公室、市政府办公室联合颁发的"2013 年度十佳科技示范户"。

2016 年，魏承林扩大了张金镇小龙虾养殖基地的精养虾面积，使精养虾和稻田养虾的面积平分秋色。年底，他算了一笔账，纯收入达到 120 万元。他还出资 70 万元在园林城区金江星城小区购买了两间门面房作为中转站，准备将合作社社员的小龙虾批量推向全国市场。

（资料来源：《潜江日报》，2017-04-25）

六、白手起家，养鸡致富

如果不是一直有创业的想法，四川省宜宾市长宁县的汤德鑫也许和很多打工者一样，长年留在外地打工，只有过年才能回家。2001 年，他回乡创业，起步资金都是向别人借的，凭借自己的努力，将鸡苗的成活率提高到了 95%，成了远近闻名的"鸡倌"。

2012 年，经过努力，他创建了长宁县永鑫禽业专业合作社，年出栏土鸡 80 万只。他可以拍着胸脯说，长宁县百分之八九十的土鸡，都是他自己培育出来的。这个只有初中文化的 70 后，还在不断学习，正在用科学化的企业管理模式、精细的内部管理使企业健康地向龙头企业方向发展。

1. 白手起家

长宁县梅硐镇马安村的汤德鑫初中毕业后，由于家境贫寒，并未继续求学。1992年，18岁的汤德鑫随村里人前往浙江省湖州市弁南乡南矿采石厂当采石工人，每个月有600多元的工资。"说实话，这个工资在当年还算不错。"汤德鑫说。由于沿海的待遇比内地高，他也曾想过和其他打工者一样，将青春挥洒在异乡。

可是，每当过年回家，汤德鑫也是"停手就停口"。回乡时和其他在家务农的亲戚一比，他都算是比较宽裕的。但是回家的那段时间不上班，也就没有了收入。在汤德鑫看来，周而复始的打工、回乡让他有些疲惫。1999年，在外经历了8年打工生涯的汤德鑫回到了家乡，打算自己创业，当真正的老板。

汤德鑫凭借着一股韧劲，硬是闯出了一条道路。

回到家乡的汤德鑫打算利用农村的资源优势，发展养殖业。最开始，他尝试过养殖黄鳝和蛇，但都以失败告终。1999年年底，他向亲友筹借了2000元，在梅硐镇清江村租用了40平方米的茅草屋，并购买了300只乌骨鸡苗，开始了他的肉鸡养殖。

当时，汤德鑫的想法很简单，以为搞养殖只需要买苗、育苗、饲养、销售等环节就行，忽视了每个环节都需要技术支撑。由于其粗放式的养殖方式，再加上养殖设备简陋等问题，300只乌骨鸡全部死亡，汤德鑫血本无归。

就在很多人都以为汤德鑫肯定会就此罢手的时候，汤德鑫认真分析了养殖失败的原因，并重新制订了养殖计划。"我不会被困难吓倒，我对养殖这一块信心十足。"回想起当年的惨败，汤德鑫对自己当初的坚持感慨地说道。

随后，他又筹集了3000元资金，对现有的养殖条件进行了改善，并按照重新制订的养殖计划，一次性购买了200只鸡苗。经过科学饲养，养殖场获得了很好的效益。随后，他又在梅硐镇龙头村四组租了4亩地，头一年培育鸡苗2万只，后来又增加到

5 万只，年销售额达到 100 万元，利润在 10 万元左右。慢慢地，汤德鑫的养殖场开始走向正轨。

2. 规模养殖

几年来，在实践操作中，汤德鑫发现，当年的失败是由没有走规模化的养殖道路造成的。他说，规模化的养殖模式抗风险能力更强，企业在受到打击后不至于一蹶不振，只要及时调整战略，局部的亏损也不至于对整体构成太大的威胁。

悟透这一点的汤德鑫想到了扩大发展，走规模化的养殖之路。他说，养殖业的发展必须有先进的养殖设备、精湛的养殖技术做后盾。2008 年，汤德鑫在梅硐镇清江村修建了 5 亩标准化养殖基地——长宁县清江村土鸡育苗扩繁场。

扩大规模和基地有资金就可以，但养殖技术全得靠自己。最开始汤德鑫向养殖场聘请的技术人员学习，掌握了一套简单的育苗技术，但是要达到大规模的养殖，还需要不断学习。汤德鑫前往四川农业大学高薪聘请农大的教授为其进行专业化的技术指导，他还通过书籍、网络等形式自学养殖技术。2008 年，他成功地培育出了优质乌骨鸡苗 35 万只，经济上的收入也越来越可观。

值得一提的是，汤德鑫的合作社每年有一个月的"休假"，这在很多养殖合作社是看不到的。"不要小看这一个月，每年育苗的成活率很大程度上是靠这个月。"汤德鑫说。

那为何又要"休假"呢？汤德鑫说，肉鸡的育苗场一年四季都在育苗，而拿出一个月的时间来对鸡舍进行清扫、消毒，这对于养殖业来说是极其重要的。正在育苗的时候，只能进行清扫，不能消毒。全面消毒后，再次育苗的时候，细菌滋生的可能性就降到了最低，这样育出的鸡苗更优质。

汤德鑫选择在 11 月"休假"的原因是，从农事气象上讲，11 月开始进入冬季，气温开始降低，不利于鸡苗培育。但如果选在最冷的过年前后"休假"，那个时候的成品鸡便会"断档"，会出现供不应求的局面。这样对市场销售不利，也不利于养殖户的发展。因此，11月"休假"是最佳时机。

另外，汤德鑫还花巨资打造了锅炉散热片升温设备、水帘风机降温设备，可将鸡舍的室温控制在适合鸡苗培育的温度。"想要科学化的管理，在投入上就不能含糊。"2012年，汤德鑫在基地建设、设备投入上一共花了600万元，于他而言，这是规模化养殖的必备条件。

3. 带动致富

2012年，汤德鑫在长宁县梅硐镇马安村修建了一个占地25亩，具有先进养殖设备的大型养殖场——长宁县永鑫家庭农场，固定资产达800余万元，是长宁县首个畜牧家庭农场。农场采用先进的养殖设备，年出栏80万只以上的土鸡苗。科学化的企业管理模式、精细的内部管理使企业健康地向龙头企业方向发展。

梅硐镇石龙村一组的张小云平时就在家里带孙辈，比较空闲。他了解到汤德鑫的鸡苗品质高、卖相好后，也打算试着养。张小云在家附近"圈"了一块林地，搞起了林下养鸡。每只鸡按照25元的利润计算，一年下来收入有5万元。"这笔收入比一些外出打工的人挣得都多。"说起肉鸡养殖，张小云很是高兴。

汤德鑫经过多年的艰苦创业，积累了丰富的养殖经验，学到了精湛的养殖技术，创业资金也越来越丰厚。为了企业更好地发展，打造养殖龙头企业，2011年他发起成立了县级专业合作社——长宁县永鑫禽业专业合作社，带动农户一起发展、促进农户增收。他还被选举为长宁县永鑫禽业专业合作社理事长。另外，该专业合作社于2012年已升级为宜宾市市级专业合作社，合作社共有成员118人，注册资金达800万元，走上了"专合社＋农户"的合作之路。

（资料来源：宜宾新闻网，2014-12-08）

七、青年农民的泥鳅养殖创业故事

泥鳅是一种兼具食用和药用价值的水产品，养殖成本又比较低廉，对于农村脱贫致富有很好的作用。广西壮族自治区桂林市兴安县兴安镇男青年李双田，中专毕业后去了城市打工，2011年，看到泥鳅养殖的商机，他返乡养殖泥鳅，2015年他获得纯收入8万元。李双田致富后不忘乡亲，在当选为村民委员会主任后，他已发展周边村民200多户养殖泥鳅，并注册了一个泥鳅专业合作社，被群众称为"泥鳅哥"。广西壮族自治区以及桂林市委、团委领导多次到李双田的基地进行调研，《人民日报》也对他进行了报道。

1. 一单就收入2万元

兴安县兴安镇南源村委老屋场村在一个大山下的小山坡上，村中有10来个鱼塘，都是泉水从山上流下汇聚而成。一块块网着纱网的鱼塘，如镜子般明亮清澈，鱼塘里都是泥鳅，不时钻出水面换气，弄出一圈圈涟漪。

一位高大帅气的青年正在捕捞，他就是这个泥鳅养殖基地的主人李双田。一会儿的工夫，就捕捞上几大桶泥鳅。

鱼塘孵化池的水面上，还漂浮着一些水葫芦，密密麻麻、活泼可爱的小泥鳅在水葫芦间游动。

李双田说，这些水葫芦并不是为了好看，它能净化水质，也为泥鳅鱼苗提供藏身的场所，还为捕捞提供了方便。李双田又捞出几桶，大概估算了下数量，就用特制的箱子将货打包，装在汽车上，发往客户手中。

这些泥鳅和鱼苗，都是浙江客户定购的，仅这一笔生意，就有毛利2万多元。

2. 当年因回农村创业痛失女友

李双田是个"90后"，祖祖辈辈都是农民，家里非常贫困。2009年，从技校毕业后，就下定决心，去城里闯荡，改变自己贫困的现状。

他一直在广州、桂林等地打工，只是收入并不高，仅能顾得了吃喝，想要发家致富，还有十万八千里。

2010年冬天，偶然看新闻，他了解到泥鳅市场行情看好，每千克能卖40块钱，而且，这个市场远不能说饱和，还有很大的开拓空间。他自己小时候常在河边捉泥鳅，想不到这也是个门路，而且自己老家不管是土壤、空气还是水源，都非常适合养殖泥鳅，于是决定返乡，和一个同学搞泥鳅养殖。

不在城里挣钱，却要回乡下讨生活？这个想法遭到了父母和亲友们的强烈反对，连那个合伙的同学，也扛不住家里的反对退出了。但李双田性格倔强，认准了的事情就要一条道走到底，不管是谁反对，都要干下去。就连女友也为此提出分手，他非常痛苦，但还是毅然离开，他暗暗鼓励自己："既然选择了这条路，就要坚强地走下去。"

这条路走得艰难无比，甚至连路也上不了。2011年3月，他到武汉一家泥鳅养殖公司考察，人家要签订5000元的鱼苗合同才能进基地，但他当时连这笔钱也拿不出，黯然放弃。

他索性回到村里，将自己家的半亩稻田挖成鱼塘，用攒下的3000多元钱到农贸市场买了50多千克野生泥鳅开始试养，谁想还没见到效果，一场洪水冲毁田埂，泥鳅被冲走一大半。

2013年春天，不认输的他又借了2万多元继续养殖泥鳅，还将鱼塘扩建到4亩多。然后采购了350多千克野生泥鳅作种。但不久后，泥鳅出现大量死亡的情况。原来，这些野生泥鳅是非法电捞上来的，本身就受伤严重。而那些人工捕捞的，辗转多地，成活率也不高。

　　知道了这个道理，李双田自己在村子附近的水田、水沟、水塘里捕捞泥鳅，两个多月挖到 50 多千克，放到自己的鱼塘里。为了方便管理，也防止别人偷捞，他在鱼塘边盖了座简易草棚，索性住了进去。

3. 找到防范泥鳅天敌的方法

　　好事多磨。4 个月后，他开始捕捞泥鳅，捞出一称，发现泥鳅产仔量非常少，连作种的泥鳅也少了一半。

　　明明自己就住在鱼塘边，绝不会有人偷盗啊。他百思不得其解。一天，他坐在鱼塘边观察，发现鱼塘中溅起许多水花，原来是一只青蛙在岸边吃泥鳅。他跑过去捉住青蛙，见其肚子鼓胀，稍一挤压，从青蛙嘴里就掉下几条大泥鳅。

　　当天，家里来了客人，他特意下了地笼准备第二天请客人吃泥鳅。起了地笼，发现笼子里还有几条肚子鼓鼓的水蛇，一摸，里面全是泥鳅。

　　他还有一个发现。他在南宁购买了 5000 条泥鳅鱼苗，放到鱼塘里却越来越少。原来，这些泥鳅鱼苗都被蜻蜓的幼虫吃掉了。他这才知道，养泥鳅真不是放到水塘里就行的，水蛇、青蛙和蜻蜓的幼虫都是泥鳅的天敌。

　　为防止水蛇和青蛙进入鱼塘，他买了尼龙网将鱼塘围起来，并在鱼塘上盖上塑料棚，以防止蜻蜓在鱼塘里产卵。这样才避免了泥鳅的非人为损失。

4. 失败是成功之母

　　经历了这么多次失败的打击，李双田没有气馁，更没有放弃。他清楚地认识到，养殖泥鳅最重要的还是要靠科学技术。他花钱去外地的养殖户那里取经，买来大量泥鳅养殖的资料研究，还在网上查找，刻苦钻研养殖技术。

　　种苗不够，自己去挖；资金缺乏，临时打工来赚。失败，再试验，再失败，再试验。皇天不负有心人，他终于掌握了泥鳅配对、人工催产及人工授精的科学技术。

泥鳅的养殖和育苗都获得成功，他开始扭亏为盈，他胆子壮了，将附近村民的水田租了下来，扩大了生产。

5. 泥鳅产业致富带头人

2014年，李双田的泥鳅养殖业务越做越大，他将孵化池扩大到300多平方米，建起泥鳅育苗池40多亩。当年，他培育泥鳅鱼苗1000多万条，出售800多万条，纯收入8万多元，买了自己的小车。家人和村民看到他的成功，对他非常佩服，给他资金和人力的支持力度也越来越大。

当年，村里进行换届选举，李双田参选，并高票当选村委委员。随后，村委党总支又吸收他为预备党员。

致富不忘乡邻。李双田主动带领周边村民养殖泥鳅，一切相关技术，总是毫不保留地传授。他带动的泥鳅养殖户已有200多户，养殖泥鳅总面积2000多亩，成为当地有名的泥鳅产业带头人。李双田与时俱进，建立了一个推广泥鳅养殖的网站，并打算注册泥鳅品牌商标，建立一个购销泥鳅的微信群。

为了让泥鳅养殖产业越做越强，李双田向当地政府求助，注册成立了一个泥鳅养殖繁殖农民专业合作社，组织人成立了泥鳅繁育团队，在江苏、山东等地设立了繁育基地，在全国逐步形成了"合作社＋农户＋订单"和"统一种苗、分户饲养、集中销售"的现代农业生产管理模式。

"泥鳅哥"的名声传遍全国，2015年春节，一个山东老板慕名上门，请他去山东培育泥鳅鱼苗，订金就是15万，成功后，再按尾数提成。

全国泥鳅市场很大，李双田的事业还将有更大的飞跃，帅气"泥鳅哥"的梦想，正在成为事实。

"谁让我的名字叫双田呢？看来我的梦想注定离不开田哟！"

李双田笑着说。

（资料来源：《桂林日报》，2017-07-19）

八、小瓜子也有大市场

　　喜欢吃瓜子的人，会知道陕北有个土特产南瓜子的牌子"可尚颖"，但人们不知道的是，这个品牌是一个弱女子艰苦创业，把自己家乡不起眼的特产，开发成的一个城里人都喜欢的零食品牌。在市场中，她用勤奋和智慧闯出一片天地。

　　这个弱女子叫申雅君，陕西省榆林市榆阳区镇川人，榆林可尚颖食品有限公司的总经理。

　　2004年，申雅君从学校毕业，进入法国家乐福集团（中国）公司某卖场工作。任谁看，这都是一份优越的工作，但申雅君却知道，这仅仅是走进商海的第一步。她在工作中，认真负责，认真研究食品企业和卖场的关系，为自己今后的创业打下坚实的基础。

　　申雅君说："每次假期回来上班，我从老家带给同事们的南瓜子都非常受欢迎，我就逐渐萌生了一个想法，应该自己创业，让陕北的南瓜子走进商场！"当时，陕北的南瓜子没有品牌，没有包装，也没有正规的生产厂家，可以说在行业内还是个空白。费了一番周折，她找到陕北当地的炒货店，经过协商，承包下了包装设计和市场代理的业务。

　　对于品牌来说，质量是生命线。申雅君说，平时家里自己炒瓜子吃，都用小锅炒，瓜子又香又脆，特别好吃。然而大规模炒制的时候，问题就出现了，大锅炒的瓜子，很难控制时间和湿度，炒出的南瓜子不是发焦就是发软，质量根本不过关。面对这个难题，申雅君焦头烂额，成批的瓜子被倒掉，让她又心急又心疼。经过反复的试验，她试出了分层烤炉技术，先将瓜子烤干，再进行适度翻炒。

为了试验出瓜子在烤炉中烘烤的时间，申雅君蹲在烤炉旁一待就是三个小时。试验结束时，腿麻得都站不起来。不仅如此，第二天，脸上疼痛、脱皮，半个月后才好。大家都说，为了瓜子，你都毁容了。

1. 闯市场拓销路

2005 年 5 月，申雅君接手了陕西百姓家商贸有限公司，启动的时候，办公资金只有可怜的 1.5 万元，就开始在繁华的西安闯市场。她以军人服务社和爱家超市为平台，做各种食品代理。当然，最重要的食品，还是陕北南瓜子。在她的悉心经营下，陕北南瓜子的名气越来越大，在当地食品行业中也有了一席之地。

4 年后，申雅君用做产品代理和销售积累下的经验和资金，回到家乡榆林，开始第二次创业。在榆阳区上盐湾镇党改则村，她租赁下了 4000 平方米的场地，启动了"可尚颖"牌南瓜子加工厂的建设。当地政府对他们这种回乡创业的人十分支持，一切手续都走了绿色通道，2009 年 8 月，经过 3 个月的前期建设，企业正式投产，第一批收进来的南瓜子开始加工生产。

2010 年，申雅君的"可尚颖"牌南瓜子走出了榆林，走进了陕西的华润万家、人人乐、卜蜂莲花、大润发等超市，以及银川的银川百货超市等，甚至到了深圳上市公司天虹商场超市及法国家乐福北京店、成都店等，与全国 3000 多个大型超市实现了合作。京东、淘宝上也可以见到"可尚颖"南瓜子，2015 年还与美国、加拿大签订了出口业务订单。

2. 扩规模讲诚信

多年的市场积累，增强了申雅君的信心。

2011 年，申雅君投资 300 万元，完成了工厂的改造和扩建。

她新建生产车间 1000 平方米，库房 500 平方米，购置生产设备 3 套，产量能达到千吨，夯实了企业发展的基础。当年 11 月，南瓜子收购旺季，一车车的南瓜子送到了榆林市可尚颖食品有限公司，几条生产线如流水般作业，60 多位员工辛勤忙碌，厂区一派热闹景象。榆林市可尚颖食品有限公司成为榆阳区唯一一家集南瓜子收购、加工、销售于一体的企业。

申雅君知道，她的成功没有秘诀，只是把不懈的努力、求实的经营理念和诚信的经营宗旨贯穿到生产经营每个环节而已。但做到了这一点，也就赢得了客户和顾客的信任，也就赢得了市场。多年风雨之后，申雅君已经成为当地著名的企业家。饮水思源，她说，企业发展了，不能忘记帮助乡亲们脱贫致富，她的企业，尽量在当地找员工，解决了 70 余户村民的就业，推动了当地农民收入的增长。

申雅君坦言："虽然前进的征途并不平坦，但我深信，创业中的点点滴滴已经将我的企业凝聚成一个强有力的战斗团队。在激烈的市场竞争中，我一定竭尽全力，带领公司全体职工，为做大做强榆阳区农副产品产业而努力。"2016 年，她在上盐湾镇武家沟村又建起 100 亩南瓜子实验基地，下一步打算研究山地南瓜的种植，让公司往种、产、销一体化方向发展，带动当地群众共同致富。

（资料来源：《榆林日报》，2016-07-02）

九、身残志坚，小伙通过电商平台带领全村致富

1983 年生的邹宗勤，天生患脆骨症，一级残疾，只能坐在自制的"轮板"上滑行。是互联网拓宽了小邹的视野，为他打开了另外一扇窗，他坐在家里也能融入外面的世界。2015 年年底，小邹有了一个新身份：阿里巴巴连城县农村淘宝"村小二"。通

过农村淘宝这个平台，来自全国各地的商品，经他的手指，源源不断传递到周边农户家。

"爱学习、勤实践、多分享"是小邹成功创业的法宝。他已拥有自己的淘宝线上服务网络和线下体验店、快递业务，年交易额逾百万元，成为连城县电商致富带头人。

1. 命运坎坷，自强不息

4 岁那年的一次骨折，让小邹没能再站起来。当时家里经济特别困难，小邹错过了最佳治疗期，又因天生患有脆骨症，小邹成了双腿一碰就断的"瓷娃娃"。8 岁前，他所了解的外面的世界，都是一只小板凳带他去感知的。

小邹说："我渴望站起来，渴望上学。我用泥疙瘩在家里的地上写满了'作业'，就是一些简单的数字。"每天，小邹都会用板凳将自己挪到门口，等着看从家门口经过的小伙伴去上学或放学。他的父母没读过书，明白没文化的苦，看到孩子这般渴望，说再难也要让他学文化。

8 岁那年的 9 月，小邹终于圆了上学梦。"那会儿，我最难过的就是课间时间，只能坐在座位上，羡慕地看着同学们玩耍。"小邹哽咽道。坚持学习到初中毕业，小邹以优异的成绩考上了县里一所好学校，却因身体原因被迫辍学。

此后，父母找亲友借钱，给他在村里开了间小卖铺。小邹把小店生意做得顺风顺水，慢慢就有了自信，也有了去外面闯一闯的愿望。

2003 年，小邹只身一人到广东汕头打拼，但自身条件成为他找工作的一大障碍。最终，他开了一家食杂店，投入常人数倍精力用心经营。

虽然以这份收入养活自己绰绰有余，但小邹总觉得，这和自己向往的人生还有很大差距。2007 年，弟弟要到厦门打工，他决定回家乡陪伴父母，寻找更好的创业路。

"那个时候在家创业也不容易，年轻人都外出打工，村里只剩下老人和孩子，根本不知道做什么好。"为了减轻家里的负担，他每天和父母一起务农，得空就骑着残疾人三轮车，挨家挨户到乡亲们家里揽活贴补家用。

小邹的勤劳善良、坚韧不拔感动了一位美丽的姑娘，一年后他们结了婚，有了孩子。"有了家庭，我更要有责任、有担当，要让妻儿过上好日子。"在朋友们的支持下，小邹在县城开了一家茶店。"经营茶店，闲暇时间多了，就想着再做点什么。"于是，小邹经常到农家书屋借书看，通过互联网增长见识。

后来，小邹又和几名志同道合的伙伴组建了连城义工社，有时间就去看望孤寡老人，生活过得很充实。连城义工协会负责人李海霞介绍，小邹的生活状况虽不好，但还经常参加义工活动，自掏腰包看望、慰问90多岁的谢秀姬等孤寡老人。小邹说："最困难的时候，别人帮助了我，我要知道感恩。"

2. 找到目标，奋力创业

2015年年底，阿里巴巴连城县农村淘宝要招"村小二"。"我一知道消息，就赶到县里报名。"小邹说。农村淘宝的口号"让农村生活变得更美好"深深地打动了他，而这也正是他多年寻觅的创业目标。

第一次培训考试，小邹没能通过，原因是考核人员都担心他不能及时到位派送商品。第二次培训考试，他一再恳求考核人员，并用手当脚、用轮板车行走，现场演示接收整理包裹、网上下单等环节。他的举动在感动对方的同时也打消了他们的疑虑，小邹成为农村淘宝合伙人。

"眼看别的合伙人风风火火地开张营业，我还在为营业场所没着落焦头烂额。这时候，村"两委"干部得知我的困难，就提出把村部一楼的这间办公室无偿提供给我使用。当时听完村支书的话，我鼻子直泛酸。"小邹激动地说，"我暗暗给自己鼓劲，要对得起大家的支持！"小邹说，开业初期也遇到不少问题，比如不少村民对网购比较排斥、不信任，大家习惯了在看得见摸得着的实体店购买看得见摸得着的商品。为了打消村民的顾虑，小邹大量囤积快速消费品，让村民既像在实体店购物一样，又能享受到网购的优惠价格，同时他还提供上门服务、售后服务和货到付款服务。

年轻人对网购接受快，但留在村里的大多是老人，要让他们接受，赢得信任很重要。小邹举了一个例子，有一位60多岁的大爷想买一个小喇叭接在收音机上，到处都买不到，当时农村淘宝刚开张，老人抱着试试看的心态找他帮忙。收到实物后，老人又担心质量不好想退货。为了打消老人的疑虑，小邹上门帮着安装调试了一个多小时，直到老人放心。临走时，他还告诉老人可以试用6天，不满意再退。这位大爷对第一次网购非常满意，后来还介绍不少老伙伴来网购。

"其实，在网上把农产品卖出去是我们最渴望的。"村民邹秀珍说。双泉村的土特产市场反响不错，但如何走出去一直是村民们多年来的心病。小邹积极整合资源，联合多位村民成立村电商联盟，并与农村淘宝的快递合作，建立物流通道，让更多土特产走出乡村。

2016年5月，小邹带领村民在网上卖芙蓉李，20天就销售了20多万元。"我们以前靠老办法销售，一季水果收下来要卖半年，还总会烂掉一部分。现在是把钱收进来了，才去树上摘水果，不浪费，不怕收不回账，价格也比卖给贩子高一些。"果农邹小燕乐呵呵地说。

3. 真诚服务，赢得认可

"我每天早上7点开始上门送包裹，晚饭后帮村民下单，夜里11点后再整理第二天要送的包裹，平均一天有50多件。出门送货最怕遇到台阶，还怕遇到下雨天。即使行动不便，我也努力及时、到位地派送包裹，因为真诚服务才能赢得认可。"小邹说。

遇到村民购买电脑、洗衣机等大件商品，小邹总会帮忙安装好。村民买衣服、鞋子，如果不合身或有质量问题，他会立即联系厂家退、换货。他每天都要挤出时间，电话回访客户、整理订单、分析行情，经常忙到凌晨一两点。夏天他被晒得浑身是汗，冬天被冻得手脚麻木，但仍坚持每天骑着残疾人代步车，走遍村里的每个角落。他还一边派送商品一边了解村民的需求，再上网查询，挑选适合的宝贝推荐给村民。小邹真诚地说："我真的很喜欢这份服务大家的工作，我最开心的就是能够尽自己的努力帮到大家。"

"'希望更多人加入农村淘宝行业，真正做到让农村生活变得更美好。'这是小邹常挂在嘴边的一句话，也是最让我们感动的一句话。"对于小邹的工作成绩，连城县电商办负责人张远山频频称赞。他介绍道，2015—2017年，双泉村农村淘宝服务站的月销售额都排在全县农村淘宝前3名，总计已为村民下单4万多件，为村民节省农资等费用50多万元，为村民外销土特产1.2万多件。小邹因此赢得连城县政府、阿里巴巴农村淘宝评出的"订单王第一名""最佳全能王第一名""优秀合伙人第一名"等荣誉，还被阿里巴巴集团授予"最美乡村人30强"等荣誉。

小邹说："人生有付出、有追求，才有意义、有价值。互联网改变了我的人生，让我看到了以前想看而无法看到的世界。农村淘宝改变了我的生活，让我们一家人过上了舒心的日子。农村淘宝也改变了农村居民的购物习惯，给相对封闭的乡村带来了色彩与生机。目前周边有近千名村民在我这里网购，相信这个队伍会越来越庞大。"小邹对未来充满了信心。

（资料来源：东南网，2017-04-25）

十、电子商务让大山里的妇女实现创业梦想

河南省信阳市浉河区吴家店镇的刘付荣经营着一家电子商务（简称"电商"）公司，她是一名地地道道的农村妇女，但她说话时总是带着满满的自豪和自信："这是我们从农户手中直接收来的野生艾草，本来不值钱，但是经过晾晒、分拣，然后加上红花、姜片，做成泡脚包，可以祛湿、驱寒、治脚臭，一小包能卖到几块钱，网上销量非常好。"

在吴家店镇锦春园社区刘付荣的电商公司门前，一袋袋刚从深山菌菇生产基地采摘而来的农家花菇正在被拆分、挑选、过秤、打包，然后通过电商平台发往全国各地。

刘付荣说，除了艾包、香菇，茶叶、芡实、绿豆、小米、花生、糍粑等全部由农户自产的原生态农产品也都通过电商平台插上了互联网的"翅膀"，走出了深山，产生了效益。地处淮河上游、大别山北麓的革命老区信阳是物产丰富的鱼米之乡，这里盛产茶叶、茶油、香菇、木耳、板栗、金银花等纯天然农特产品，但受经济条件和区位因素制约，这些山珍销路欠畅。

生活在大山里面的刘付荣高中毕业后就成了地地道道的农民。作为大山的女儿，她自小便跟随父亲步行十几千米将农产品背到集市上售卖，付出很多却收益很少。一定要让农产品走出大山，卖个好价钱，让父母过上好日子，这是刘付荣年少时的梦想。

"当时我下定决心，要凭双手创出自己的一片天地。"刘付荣说。1998年，她在镇上开了家小店做生意，开始步入商海。2011年，在当地申通快递营业厅工作的她，敏锐地觉察到了网购市场的前景，对电商产生了浓厚的兴趣。

2014年，通过前期的市场调查和数据研究，刘付荣发现绿色纯天然无公害的农特产品在网店销售很旺，正适合信阳茶叶、

板栗、食用菌等农产品打开网络销售渠道。何不建立电商平台来推介和销售信阳农特产品呢？说干就干，瞅准时机的她当年就注册成立了一家电商公司。

"通过网店把家门口的土特产销往全国各地，让农产品通过网络直接与消费者挂钩，剔除了中间的批发商环节，既可以提高农产品的销售价格，又可以让消费者买到物美价廉的商品。不仅自己能挣到钱，还能让乡亲们的农产品在广阔的网络市场中充分实现价值，一举两得。"刘付荣说。

"截至2017年，我们已经与3家种植合作社和30多家农户签订了供销合同，种植生产面积达5000余亩，同时吸引了当地多家网上店铺、农业合作社加盟。"刘付荣说。2016年"双十一"当天，她的这个农村电商平台1小时订单达到300个，当天销售额突破18万元。刘付荣的电商平台日常月销售额在20万元左右，成为信阳农村电商的领头羊。

本地妇女周荣在外打工10余年也没挣到钱，孩子在老家却成了留守儿童。2016年春天，在刘付荣的号召下，周荣回乡加入了刘付荣的电商平台，从最基本的包装、客服做起，不仅学会了电商知识，还运营起了店铺，工资也没少拿，实现了照顾孩子、电商赚钱两不误。

刘付荣说，作为一个农村妇女，不仅要实现自身致富，还要带动更多的女性创业，共同致富。从一个对网络一窍不通的普通农村妇女到如今的互联网销售精英，电商改变了她的命运，也让她实现了人生的价值。

"创业起初很困难，但不管面对多大的困难，都要义无反顾一路走下去。"刘付荣说。电商给了农村妇女施展才华的舞台，希望这个平台能让老区农产品畅销全国，同时带领更多的农村妇女开创事业，提升自我价值，实现巾帼梦想。

（资料来源：中新网，2017-03-09）

十一、酒糟养猪发展循环产业，实现脱贫增收

酿酒、生猪养殖，看上去是两个很传统的产业，如果能够有机地结合，形成循环产业，其价值不可小视。在重庆市黔江区杉岭乡苦竹村，有一对夫妇，巧念传统农经，通过酿酒＋生猪养殖有机结合的模式，走上了循环发展之路，一举实现脱贫增收，奔上小康，成为远近闻名的致富能手。附近邻里提起向业华夫妇，都不由自主地竖起大拇指。

1. 漂泊在外，尝尽酸甜苦辣味

1990 年，20 多岁的向业华对未来有着美好的憧憬，他跟着同村的几个青年，踏上了南下的列车，追逐自己的梦想。由于没有多少文化，向业华不仅进厂困难，找其他工作也四处碰壁，无奈之下，他只得选择进煤矿当了一名挖煤工。矿底伸手不见五指，干的活又脏又累，吃得也很差，刚开始向业华习惯不了，但是为了改善家里人的生活，他咬牙坚持了下来。由于踏实肯干、吃苦耐劳，向业华很快被提拔为班长，领的工资越来越多，银行卡里的存款也越来越多。

然而，天有不测风云，一次意外事故，向业华的听力受到了损害，腿部也受到了小程度的创伤，煤矿工作是不能胜任了。

向业华心想，打工也不是长久之计，回乡创业才是正道。老家有那么多空置的土地，为什么不回家发展产业呢？老家的人们都喜欢喝苞谷酒，但是，却很少能够喝到口味纯正的优质苞谷酒，为什么不回去酿酒呢？

2. 返乡创业，迎来黎明的曙光

煮酒师傅李师傅在当地非常有名，向业华找到他说明了拜师学艺的来意。在李师傅的酒坊学艺期间，勤奋好学的向业华啥

事都做，不论轻活重活，只要拿上了手就必须做完。在学艺过程中，煮酒的每一个环节他都仔细观察，认真听取师傅点拨。仅仅两个月时间，向业华就掌握了煮酒的全套技术。

2013年4月，在当地党委的支持下，已到知天命之年的向业华夫妇投资4万余元建起了一个占地140余平方米的小酒坊。向业华学的是传统煮酒方法，从烤出第一缸苞谷酒开始，他严格按照师傅传授的技术，从泡粮、煮粮、糖化、发酵到烤酒等10余道工艺，他都认真对待。

"有些师傅为了提高产量，在酒曲里面掺杂有机农药，酒的产量是提高了，但是人们喝了会头痛、头闷。我烤出的苞谷酒不掺杂农药，是用山泉水酿造的，必须保证在50度以上。60度的酒味道最可口、最香甜，但是产量少，一般都是50多度。"向业华说。由于他的酒味道好、质量好，再加上他诚信经营，他每天烤出的苞谷酒当天就能够卖完，最少的一天也能够卖出50千克。

短短两年的时间，向业华通过酿酒生产走上了致富路，盖起了洋房，买上了车，银行卡里的存款增多了，生活也奔上了小康。这时候，他思考着，如何把自己酿造的苞谷酒打造成品牌。

3. 打造品牌，销售得更远

"苞谷酒用瓷坛封装好，埋在地下，埋的时间越长，酒越好喝。"向业华说。他每天烤出的酒除了供应给固定客户，都要在地底下深埋一两坛，打造成"杉岭乡女儿红"品牌。间隔一段时间后，向业华再通过"电子销售渠道"把"杉岭乡女儿红"销往外地，扩大影响。

4. 酒糟养猪，循环产业成就致富路

酿酒生意越做越好、越做越大，但是，问题也随之而来。大量的酒糟伴随酿酒而生，如何处理这些东西成了他心头的一个难题。俗话说："酒糟养猪，猪膘肥体壮。"向业华记着这句老祖宗流传下来的古话，于是决定变废为宝，把酒糟转换为饲料用来养猪，达到循环利用的效果。

2013年1月，在杉岭乡畜牧兽医站技术员的指导下，向业华投资10万余元修建了一个占地200平方米的养猪场，年出栏生猪200余头，实现年收入25万余元。同时修建沼气池将猪粪所产沼气用作生活燃料，并发展了10亩蚕桑基地，将沼液作肥料施入桑地，形成了循环产业之路。

"酒糟养猪效果好，但是不能用量太大，用量多了就适得其反了。我的酿酒规模正在逐步扩大，现在的养殖规模有点小，打算再新建一个占地200余平方米的圈舍，到时候就能够充分利用酿酒产生的剩余酒糟了。人是累了点，但是，致富路上，累一点、苦一点也值得。"2015年，记者采访向业华时，向业华笑呵呵地说。

创业路上，荆棘遍布，向业华夫妇栉风沐雨、砥砺前行，致富之后，不忘乡亲，积极帮扶农户发展种养经济。一是提供技术帮助，无保留地传授丰富的实践经验；二是实现信息共享，及时发布供求信息；三是结对帮扶，结对指导困难群众脱贫致富。在他们的影响带动下，附近村民大力发展种养业，实现了经济增收，走上了脱贫致富路。

（资料来源：华龙网，2015-09-12）

十二、大规模散养鸡带来可观财富

他一个外行来养鸡，波折连连。经过努力，万只鸡终于出栏，但带来的不是惊喜，而是噩梦。烦心事中寻商机，他奇招频出。他每隔3个月就给土鸡搬家，路难走、鸡乱跑，乱糟糟的现场却藏着他的发财小门道。四川的胡军是如何用3年多的时间，迅速崛起，养鸡年销售额达到 3000 多万元的呢？

2016 年 5 月 20 日一早，胡军就忙着给他的 4000 多只鸡搬家。很多动物都有头领，可鸡这种动物却没有。在现场这些没有头领的鸡就像一盘散沙，各自为营，想让这些鸡按照一个方向走，难度不小。

胡军说："前面有粮食带路的话是最好的，鸡饿的话，撒一路粮食，它慢慢地就跟着去了。"胡军打算把这些鸡从上面的圈移到山坡下 200 米开外的另外一个圈，距离不算远但很费劲儿。不过，胡军仍然坚持每隔 3 个月就把鸡迁移到新的放养区，为的就是保护植被，促进鸡的生长。

"因为有些放养场的草已经让鸡啄得没有了，为了让它们还有青草吃，我们就要把它们换到一个有青草的地方。"他说。

赶鸡的过程中，胡军还有一个重要任务——分开饲养。这座山坡度很陡，沟沟坎坎到处都是，对于我们人来说，走起来都很容易摔跤，对于胡军的鸡来说更是一种考验。快接近鸡圈的地方有一个坎，坡度接近 90°，走到这个地方，有的鸡仍然步伐矫健。在胡军眼里，这些难走的地方恰巧是检验鸡最好的地方。"稍微差一点的，移圈的时候就会反映出来。凡是受欺负的，要把它抓出来，分开饲养，免得到时候其他鸡跟它打架，把它打死。"胡军说。

赶鸡、放鸡，如今的胡军样样在行，而 3 年前的胡军从事的还是施工建筑承包行业。短短 3 年多时间，胡军养鸡的年销售额达到 3000 多万。从小规模的试养到迅速成为成都市农业龙头企业，胡军是如何快速崛起的呢？

1. 结缘农业，说服股东养鸡

胡军，1972 年出生，最早从木工开始做起，到后来成立了施工建筑承包公司，年销售额几千万元。2009 年，胡军被农业的优势所吸引，一心想做农业。

2011 年，胡军和 3 个股东成立了农业公司，胡军考察了十几个特色项目，最后告诉股东们想要养鸡，股东们对此感到很疑惑。

其中一个股东樊祖建说："养鸡没什么亮点，都在养鸡，我觉得可能没什么前景。"

胡军为了让股东们信服，决定先试验一把。2012 年 7 月，胡军买回了 1500 只鸡苗试养，6 个月后鸡出栏了，因为量小，很快就卖光了。胡军算了笔账，偷着乐了，1500 只鸡就赚了 2 万元钱。

胡军说："挺容易养的，然后成本又不高，我保守估计 1 只鸡赚个 10 块，那我养 10 万只就有 100 万元，养个 100 万只就不得了了，就能有 1000 万元，比我做工程强多了。"

2. 接连碰壁

胡军用这次试验一举赢得了股东们的支持。2012 年 12 月，胡军为大规模养鸡寻到了一块好地方，他流转了大邑县民集村的三座山，雄心壮志想大干一场。可是，胡军眼中的宝地却为他惹来了麻烦。鸡舍动工没几天，就有人找上了门。

"国土局工作人员开车来说，这块土地你绝对不能使用，你们把这块土地恢复了，我一下就懵了。"一旦停工，胡军 10 多万元的投入就白费了。胡军了解后得知这块地的用地性质属于基本农田，不能修建鸡舍。刚进农业，就摔了跟头，胡军心里很郁闷。

胡军说："我认准一个目标，就算碰得头破血流，也一定要冲上去。可以做备选方案，但是一定不能做回头的事情，一定要勇往直前。"

2013 年 2 月，胡军在大邑县的央石村西岭雪山附近，流转了近千亩林地作为放养区。他投资了 1000 多万元，建起了养殖场，开始养殖改良后的当地土鸡。接下来，他却被一个在建筑行业里的习惯做法害惨了。

第一批土鸡胡军养殖了上万只，胡军和股东们呼朋唤友，主动邀请大伙儿来养殖场玩儿。看到大家玩得兴奋，胡军和股东们也很开心。想着能展示一下自己场地的规模，让亲朋们帮着做做宣传，应该也是一件好事。

亲朋好友的到来让养殖场热闹非凡，可很快问题就出现了。胡军第二天一早进到鸡舍里，发现有鸡死了。这么大的鸡场，一天死几只鸡，并不意外，属于正常现象。可是，这一次他发现死了几十只鸡，远远超过了正常水平，把他吓坏了。

胡军说："如果不控制的话，我估计我前期投的钱基本就打水漂了，不只是赔钱，有可能会倾家荡产。"

一个圈的4000只鸡，光成本就20多万元，按照当时的情况，不出一个月胡军的鸡就死光了。胡军这才发现以前做建筑行业，来人了就带着参观讲解是常事，但对于养殖行业，带领亲朋好友进入鸡场，其实犯了大忌，因为人是最大的带菌体，各种细菌都有可能带进来，所以后来他就不让他们进这个圈舍了。

不准无关人员进入，这项措施起到了效果，鸡的疾病控制住了，死亡率大大降低了。但胡军还有苦恼，如果想要达到90%以上的出栏率，公鸡好斗的天性是个阻碍。根据四川人的饮食习惯，胡军养殖的鸡以公鸡为主，公鸡聚集在一起，打架是常有的事情。

好斗的鸡会打架，不同群的鸡在一起争地盘也会打架，甚至有的鸡还会打群架，每天因打架而死亡的鸡有不少。胡军学习专家的养殖经验，给鸡带上了眼罩。

"把眼罩戴在鸡鼻子上，遮住眼睛，正好把眼睛挡住，看不见对方的表情，就不容易打架了，但是它还是能看见下面的粮食，还是可以吃粮食的。"胡军说。

之后，胡军成功地将鸡的出栏率提升到了90%以上。养殖了6个月后，上万只鸡将要出栏了。终于到了要收获的时候，胡军心里很期待也很紧张。他盘算着如果顺利的话，这一批鸡赚个20多万元不成问题。

胡军的鸡比市场上的土鸡每千克贵 1～1.5 元，这些价格高、又不被市场熟悉的鸡，并不被批发商们认可。胡军一次出栏的鸡数量又大，一时找不到销售渠道。

胡军心里很委屈，投入了心血养的鸡，却得不到市场的认可。更让胡军煎熬的是，这上万只鸡一天卖不出去，每天光饲料钱就亏 1 万元。那时的胡军发疯似的找销路。

2 个月下来，胡军的销售依然没有多大进展。巨大的压力之下，胡军决定把鸡全部宰杀，加工成熟食销售。他把整鸡放进水里煮，只放姜片和盐，一款清淡口味的原味卤鸡就出炉了。他觉得自己可能找到了熟食鸡市场的一个空白。

"在我们这里把鸡做成麻辣味的、香辣味的、五香味的，遍地都是，我想做一个与众不同的。我觉得现在人都喜欢吃清淡一点。"胡军说。

胡军认为清淡口味的原味卤鸡是个市场空白。可原味卤鸡一推出就遭到了冷遇。在四川，人们习惯了麻辣口味，对于清淡口味的卤鸡并不感兴趣。这样一来，3 吨的卤鸡积压在仓库里卖不掉，别人劝胡军低价处理，胡军却不肯答应，也不愿意低价卖出。他认为低价卖鸡会砸了自己的品牌。

3. 吸取经验，打开市场

为了把鸡场支撑下去，胡军先是卖掉了房子，又从建筑公司的利润里挪钱，继续投入养鸡。2013 年 10 月，胡军的第 2 批红标鸡开始养殖了，这次，胡军吸取教训，不但提前跑销路，还想到了一个营销的办法。

这个营销策略源于一次胡军到村民家里吃饭，看到村民用当地的土方法烧制土鸡，柴火大锅、土鸡、麻辣味的调料，这些加起来让胡军吃出了小时候的味道。胡军受到了启发，2014 年 5 月，胡军的柴火鸡体验馆开业了。这次，胡军用的是四川人最爱的麻辣口味。

柴火鸡体验馆的生意火了之后，胡军就邀请批发商来店里品尝。面对经销商的不信任，胡军不但不着急辩解，还欢迎批发商从外面自带一只自认为口感好的鸡到体验馆来，胡军也拿了一只自家养殖的鸡，准备斗一斗两种鸡的口感。

胡军说："同样一个厨师做，做出来以后让他品尝哪个鸡是他的，哪个鸡是我的，哪个鸡好哪个鸡坏，结果最后他说是我的鸡好。"

经过对比品尝后，批发商们心服口服，想要进些胡军的鸡尝试销售。可是，因为担心鸡感染疾病，胡军不允许外人进入鸡舍，买鸡的批发商更不允许，这让很多批发商有意见了。

批发商兰坤说："买东西不看货，你说让我们怎么买。我们原来到农村收购鸡，都是到现场看，好我才要，不好我就不要。"

为此，胡军专门建立了一个展示区，拿一些鸡展示给批发商看，胡军还给了批发商一个承诺，在价格上保证不让他们亏钱。批发商们这才放了心，签订了购销合同。胡军的做法赢得了批发商们的赞许，胡军逐渐打开了市场。随着知名度越来越大，找上门的批发商也越来越多。批发商说："看鸡的脚掌，有茧子的，证明是放养过的；如果脚掌非常干净，就证明这鸡没有放养过。胡军的鸡就是活动量大，好卖。"

4. 发现新商机，利润增 3 倍

不过，虽说批发生意的量上去了，但价格不高，利润低，所以胡军一直都想扩展利润更高的零售市场。这时，一个机会送上了门，让胡军在一件烦心事里发现了新商机，利润也增长了 3 倍。

2015 年年初，胡军的柴火鸡体验馆的生意非常火爆。由于很受食客们的欢迎，渐渐地，模仿的餐馆也就多了，胡军的生意变淡了很多。农家乐老板王莎在胡军的体验馆吃过柴火鸡之后，主动找到了胡军。

农家乐老板王莎说："这种柴火鸡，比较有特色。我们这边做烧鸡的很多，竞争很激烈，我以前做的也都是烧鸡，在吃了柴火鸡以后，我果断地改了。"

胡军考虑既然无法阻止别人借鉴模仿，那何不跟他们一起合作呢？胡军借机提出可以给王莎的农家乐供货。王莎一听特别高兴，因为这也解决了她一直发愁的难题。

王莎说："我以前用的是本地的土鸡，但是都是农家散养的，量很少。今天我卖完了，明天就不一定买得着。胡军的鸡场规模比较大，随时都有，要多少有多少。"

胡军给王莎供货的价格是每千克 34 元，比批发价格每千克贵 6 元左右，胡军对这个利润空间很满意。之后，胡军开始积极扩展酒店和农家乐的市场。

胡军说："以前最早是 90% 左右走批发市场，10% 左右走零售市场，我逐步想把零售的份额加大，至少把零售市场做到 30%～40%。"

5. 带动村民一起致富

批发保本、零售增加利润，两个策略配合，胡军养殖场的出栏量和利润都提升了。这时，胡军的成功引起了 60 千米外成都市黄龙溪镇大河村的村支书张洪兴的注意。2015 年 6 月，他找到了胡军。

张洪兴说："我们村有很多林地是空着的，老百姓没有增收的路径。我们就是想引进一个比较好的品种，实现林下养殖、退耕还林，发挥林地的经济价值。"

大河村所在的黄龙溪古镇是一个有名的景区，在景区附近不能建工厂，听说养殖胡军的鸡能赚钱，农户们都很高兴。胡军提出代养的方式，由公司提供鸡苗，农户把鸡养大后，公司统一回收销售。开始农户们养鸡的热情很高，可是，第一批鸡出栏后，农户们就没了兴趣。

农户邓龙田说："回收的价格太低，我们养 100 只鸡，一只鸡才挣几块钱，100 只才挣几千块，赶不上我打工，所以我就没有信心了。"

　　农户养殖的量少，胡军是以批发价格保底回收，所以农户们赚不到什么钱。那么，如何改变这种状况呢？胡军调查后发现大河村有一个得天独厚的优势，大河村所在的黄龙溪古镇是距离成都最近的一个古镇，人流量很大。既然如此，为什么不把鸡在黄龙溪镇就地销售呢？

　　胡军说："让村民们自己去卖，他们相当于是零售商，不仅把我们的产品推销出去了，他们的利益也得到了最大化，他们有积极性，我们销售的压力也会小一点。"

　　但是从黄龙溪古镇景区到大河村也有一段距离，如何吸引城里的游客到乡下来抓鸡买鸡呢？胡军找到厨师商量，把鸡做成了不同口味的几个菜品，然后，在景区设置品尝点，免费给游客品尝。胡军认为只要鸡的味道能给游客们留下深刻印象，那游客就不会怕距离远了。果不其然，每次品尝会后，都有很多游客慕名而来，找到农户家抓鸡买鸡。

　　回头客越来越多，渐渐地，农家自养的鸡成了黄龙溪古镇的一大特产。直接把鸡卖给游客，利润也很可观，农户们都赚到了钱。

　　农户们说："现在我们的鸡不愁销路，这个比出去打工方便，自己在家啥都做了，又把钱赚了。一只鸡能够卖50元以上，大家的干劲更大了，都在养。"

　　在大河村周围，胡军共带动了400多户农户一起养鸡致富。下一步，胡军还考虑针对旅游市场，开发熟食和休闲食品。

　　村支书张洪兴说："我们全村3000多人，仅红标鸡一项人均年收入就增加五六百块钱。"不仅如此，如今胡军还通过精准扶贫的方式，在雅安、宜宾、巴中的5个贫困村带动农户养鸡致富。2015年，胡军养的鸡年出栏达80多万只，年销售额达到3000多万元。

　　（资料来源：中央电视台军事农业频道《致富经》，2016-06-27）

十三、紧跟时代的养蜂人

　　每年春天的三四月份，是油菜花开的季节。金黄色的油菜花不但吸引了前来踏春的游客，也吸引了蜜蜂前来采蜜。安徽人崔红旗，养蜜蜂 20 年，不断改变革新，靠着小小的蜜蜂，一年的销售额能有 200 多万元。但谁也不知道，崔红旗从小怕蜜蜂，见了就跑，是命运，让他在 20 年里和蜜蜂相伴。平常普通的蜂蜜，在崔红旗手里，却生发出诸多变化。

　　蜜蜂每天要往返 10 多次外出采蜜，0.6 米高的蜂箱就是它的家，小木栓就是它出入的大门，蜜蜂采到的蜜放在一小格一小格六边形的蜂脾里，我们喝到的蜂蜜就是蜂脾里的液体蜂蜜，它是通过离心力甩出来的。但在安徽省芜湖市，有个人却让蜜蜂把巢筑在了玻璃瓶里，瓶子里究竟是什么样子，想要看一眼还得用锤子敲。

　　崔红旗说："这个瓶底是椭圆形的，你看到没有，蜂巢就长在这个瓶子里面，就是说蜂巢是蜜蜂自己依瓶而建的。"很多消费者说以前市场上买的蜂蜜都是放到水里搅拌着喝的那种，但这个是嚼着吃的蜂蜜，非常特别。

　　蜂巢蜜，顾名思义，就是带着蜂巢一起卖的蜜，这也不是什么新鲜事，把蜂巢带蜜一起割下来装进瓶子里就行了，很简单啊！不过，在安徽省芜湖市见到的蜂巢蜜，虽然也在瓶子里，但是和以前的不一样，蜂巢与瓶子边缘连接得非常紧密，好像是黏在一起的。

　　很多人都是第一次见这种特殊的蜂巢蜜，当地的蜂农说，要想知道其中的秘密，就得去找一个人，这个人可不一般，在当地，甚至是全国，很多养蜂人都知道他。

　　一些蜂农都这么评价他："他非常牛，全国他是'第一蜂'，我们做这种产品，都要他亲自指导的，他不指导，我们不知道怎么弄。我们想不到的他都能想得到，有能力，不是一般人。我们养蜂界都佩服他脑瓜转得快。"

1. 出生养蜂世家

他叫崔红旗，就是蜂农口中的那个牛人，如何让蜜蜂在瓶子里酿蜜是他的秘密。他老婆说："他以前见了蜂箱就绕着走，就是怕蜜蜂，更怕被蜜蜂蜇，躲着跑，所以他不愿意养蜜蜂，因为蜇得疼。每次被蜇了以后刚开始疼，后来肿，非常难看，最初他很不想从事这个行业。"

崔红旗 1974 年出生于安徽省芜湖市的一个养蜂世家，父母和家里的 3 个姐姐都靠养蜜蜂为生。1993 年，高中毕业后的崔红旗说什么也不肯和家人一样养蜜蜂，除了害怕蜜蜂，他有自己的想法。

他说："当时很排斥养蜂这个行业，长大后也不想养这个，因为看到爸爸妈妈很辛苦，他们经常在外漂泊，不回家，感觉父母心特别狠。"确实，当蜂农很辛苦，必须赶着花期，只能是一顶帐篷安家，吃喝拉撒都在里面。崔红旗是个内心很骄傲的人，瞧不上养蜂。父母惯着崔红旗，对他的职业并没有硬性要求。听崔红旗说想要去跑运输，还花了 5 万元给崔红旗买了一辆货车，但他开货车不仅没赚钱，还欠下了七八万元的债务。后来，崔红旗又辗转从事了几个行业，都不成功，只好回归了家传行业，养起了蜜蜂，上天注定崔红旗就是个"养蜂人"。

1997 年到 2003 年，崔红旗走南闯北，四处采蜜。就在这时，他表现出和普通蜂农不一样的一面，崔红旗一边自己养蜜蜂，一边记录着各地不同时节的蜂蜜产量和蜂农的联系方式。到 2003 年，崔红旗积累了满满几大本笔记，自己对养蜜蜂的认识也有了很大的改变。

崔红旗的妻子说："老崔非常爱小蜜蜂，他晚上要是看见在树上没有回家的蜜蜂，就把它捧回家，摆在箱子里，就是那种痴迷。"

"蜂窝就像一个家一样，蜜蜂们很团结，分工很明细，干活也任劳任怨。我把浮躁的心沉下来、真正从事这个行业的时候，干着干着就爱上它了，也认定了这个行业是我一生要从事的职业，不离不弃。"他说。

除了对蜜蜂的情感，崔红旗也看到了蜂蜜未来的商机。2003年，崔红旗成立了芜湖市第一家养蜂专业合作社，有50多个农户跟着他一起养蜜蜂。崔红旗负责收蜜，再帮农户卖出去，每年几百吨的产品让他练就了一身识别蜂蜜好坏的本领。

2. 新发现让他财富暴涨

从2004年到2008年，崔红旗在全国建立了14个蜜蜂基地，一年也有十几万元的收入。可接下来的几年时间，谁都没有想到，崔红旗因为一个不经意的发现，财富开始暴涨，一年能赚上百万元，他发现了什么呢？

蜜蜂采蜜都是跟着花期走，什么颜色的花，蜜蜂采来的蜜就偏向什么颜色，黄色的油菜花就会产黄色的蜂蜜，黑色的荞麦花就会产黑色的蜜。

崔红旗说："我们把原料都采购来以后，无意中发现居然有这么多颜色、这么多品种，能不能把蜂蜜做成像彩虹一样的七彩颜色的蜂蜜，当时市场上没有这样的概念。"

按照自己笔记本里记录的全国各地的蜂蜜产量和品种，崔红旗发现蜂蜜的颜色多达十几种。他选择了区别较大的七种颜色，推出了"七彩蜂蜜"，不同颜色的蜂蜜营养价值不同，好看又新鲜。他还把"七彩蜂蜜"做成礼盒出口。2008年，一年时间就卖了100多万元。

崔红旗说："七种颜色，七种味道，消费者被彻底征服了。七彩蜂蜜征服了消费者的味觉，也征服了他们的视觉。普通消费者在吃蜂蜜的时候不知道有这么多颜色，他们以为蜂蜜就是液态的，是一种颜色。十年磨一剑，终于有了小的回报。"

3. 危机中坚持，研究出蜂巢蜜

崔红旗尝到了甜头，很多人都羡慕他。养蜂 10 年，崔红旗终于可以靠着这七彩蜂蜜发财了，可好日子没过多久，整个蜂蜜行业爆发了一场前所未有的危机，崔红旗也差点走不下去了。欧洲以农药残留为主要内容的技术壁垒严重影响了中国蜂蜜的出口，蜂农丰产不丰收，怨声载道。更严重的是，就在这时，网络上又陆续出现了很多有关假蜂蜜的报道，这让生意刚刚好转的崔红旗吓得够呛。

他说："在网上看有些人卖蜂蜜添加了不该添加的东西，比如说像饴糖这些东西，心情非常糟糕，这个行业怕是要被他们整垮。我很担心一旦消费者对假蜂蜜产生恐慌心理，拒绝使用蜂产品的话，那将是养蜂业的灭顶之灾，所以必须要研发出一种能够让消费者看得见的真蜜。"

崔红旗有苦说不出，一时间，蜂蜜滞销，价格暴跌，很多蜂农都不干了，3 个姐姐也退出养蜂行业，村里 13 家养蜜蜂的就剩崔红旗一个人了。没有人支持他，崔红旗也跌入了人生的谷底，和蜜蜂打了十几年交道的他第一次感到这么无助。

崔红旗说："蜂蜜价格卖得太低了，一吨才三四千元，蜂农基本上没有利润，很多人都弃蜂不养了，有的人把蜜蜂烧死了，有的人让蜜蜂饿死了，我看了很心疼。我们合作社那时候也干不下去了。"

村民也说："养蜂太累了，利润也太低，我们不得不放弃了。但是崔总不怕辛苦，不管成也好、败也好，他都一心在上面钻研，一心想把蜂养好。"

虽然市场上各种说法都有，但是崔红旗却没有停下来，他把蜜蜂视作生命。他要为蜜蜂正名，为自己正名。崔红旗觉得七彩蜂蜜只是一种卖点，人人都能做，他要研究出一种更有价值的东西。

之后的每一天，崔红旗四处考察，天天出入深山老林，晚上就住在蜂厂里，所有人都不知道，崔红旗即将在这里研究出一种将来能改变自己和蜂农命运的宝贝。

崔红旗说："我一直苦苦追寻，希望能找到一款新的高端产品，提高蜜蜂的养殖效益。经过不断地苦思冥想，终于研发成功了一种新的产品——蜂巢蜜。"

寒冷的夜晚让崔红旗灵感爆发，在做了上千次实验后，2013年，崔红旗终于有了收获。他研制出了核心技术——一个薄薄的小片，这个薄薄的小片是用纯天然的蜂胶和蜂蜡做成的，小片上已经事先压好了六边形的模型，相当于建房子的地基。他先把小片装进瓶子里，再把瓶子放进蜂箱。十几分钟后，有蜜蜂悄悄地爬了进去；30分钟后，越来越多的蜜蜂进去了；3个月以后，建好的蜂巢里面装满了蜂蜜。3个月的精华，尝起来的感觉真是不一样。

崔红旗直接在瓶子里酿出来的蜂巢蜜，打消了人们对假冒蜂蜜的顾虑。崔红旗说这里还有一个更大的亮点，一片蜂脾里有蜂蜜、花粉、蜂王浆、蜂胶等不同营养品，一般情况下，农户们都是分开卖，但崔红旗在蜜蜂酿蜜的过程中不断移动瓶子位置，把这四样宝贝集合到一瓶蜂巢蜜里了！

这样一瓶500克的蜂巢蜜，崔红旗定价138元，产品一经推出就在行业内引起了轰动。芜湖县县长王春说："这个蜜，我也是第一次看见，蜜蜂能在瓶子里面筑巢，感觉很神奇。很多老百姓都说想要尝一尝。"

4. 合伙人加入，事业不断扩大

2014年10月，崔红旗注册了自己的品牌，投资200多万元新建加工厂，可处处都要花钱，夫妻两人多年的积蓄很快就花光了。有了好的产品可到底怎么卖出去，崔红旗迫不及待地想找一个有资金又懂营销的合伙人。

崔红旗说："销售这个环节一直是我的瓶颈，因为我是从事养殖行业出身的，如果搞企业的话不懂营销是绝对不行的，所以我迫切想找一个合伙人，一个懂营销的合伙人。"

就在崔红旗最无助的时候，当地有一个做工程的老板给他打电话，愿意投资 1000 万元和崔红旗合作，崔红旗和妻子都很心动。

所有人都觉得崔红旗运气真好，要啥来啥，可他倒好，想了两天居然断然拒绝了这个 1000 万元的投资，不仅如此，还马上选择了一个只能拿出 30 多万元的人合作。

崔红旗说："这个投资 1000 万元的老板他不是干这个行业的，对这个行业不了解，没有感情，万一他干不好，随时有可能会撤资啊！"

另外一个只能拿出 30 多万元的人，他叫王其春，在北京从事网络销售，是崔红旗的表弟。2013 年他过年回家，看到姐夫研究出来的蜂巢蜜，王其春说："我觉得它的市场价值很高，因为现在不管年轻人也好，老年人也好，对健康的、纯天然的产品都是比较认可的，不怕价钱贵，只要东西好。"

王其春非常看好蜂巢蜜的市场前景，但当时他也只能凑到 30 多万元。姐夫崔红旗拒绝了与投资 1000 万元的大老板的合作，而是选择了和表弟王其春合作，一个负责生产，一个负责营销。

他们的合作一个人负责产品创新，一个人负责销售创新，未来发展的前景非常广阔。到 2015 年，除了蜂巢蜜，崔红旗又推出了十几个种类的产品，通过网络和商超卖到了北京、上海、深圳等地，销售额达到 1000 多万元。崔红旗用自己的智慧和坚持实现了传统行业里的产品升级。

（资料来源：央视网，2016-04-25）

十四、虚度光阴后，做藕面让他身价倍增

进入 4 月，贵州省遵义市凤冈县的莲藕就到了最后的收获期限，梁建正带着工人们抢挖莲藕，争取在最后的时间里获得最好的收成。可是在挖藕现场，梁建告诉我们，挖藕这事，急不得，只要一个动作稍有不慎，整节藕就会浪费掉。所以，挖藕人的每个动作都要格外小心。

正因为莲藕，梁建成了人们追逐的对象。可在当地，更让人们津津乐道的是，2014 年，梁建找到了一种卖藕的新方法。仅仅一年时间，梁建让原本卖不上价的藕身价暴增了 5 倍以上，一年就多卖了 1000 多万元。

1. 荒唐的 12 年岁月

大伙眼中的财神爷梁建在种藕之前，有过一段长达 12 年的荒唐岁月。只要梁建在藕田，他的母亲就会出现，而且一待就是一天。大家都以为是母亲想儿子，后来才知道，母亲是不放心他。

梁建的母亲说："那些年一直担心，天天打电话问他在干什么，他跟我说，妈，你不用操心，你不用管，我的事情现在你也管不了。"

梁建，1975 年出生，从 23 岁那年开始，整天无所事事，在本该闯出一番事业的年纪却荒废了整整 12 年的青春，就连每天早上起床都要和自己的母亲讨价还价。

梁建的这种生活状态让母亲心痛，但在 2010 年，梁建却突然说自己要开始干一番事业，要母亲拿出 70 万元养老钱来支持他。梁建的这个说法让大家一下子炸开了锅，亲戚朋友都担心他别又拿着钱出去赌博或者被人骗了。

梁建的表姐夫说："一下子要用这么多的钱，感觉不太靠谱，

大家都不是太看好，怕这个钱打了水漂。"

　　除了亲戚们，梁建的母亲也非常担心，可接下来发生的事情却远远超出了这个家庭的承受能力。梁建因为什么荒废了 12 年青春，又抓住了什么机会让他的人生实现逆转了呢？

　　1992 年，16 岁的梁建和父母在新疆维吾尔自治区石河子市做挂面，就在这一年父亲去世了，连母亲都没有想到，梁建毫不犹豫地退了学，撑起了整个家。

　　姐姐梁燕说："梁建那时候那么小，10 多岁就承担起了家庭的重任。如果我爸爸还在，我弟弟最起码能读到高中毕业，不可能初中都没毕业就去帮我妈妈把家庭的重担挑起来。"

　　梁建 16 岁创业，在新疆 7 年赚下了近百万元，成为当地有名的创业达人。但 7 年的打拼让一个花季少年过早地品尝到了生活的不易，这种压力让年少的梁建想逃离这种生活。

　　梁建说："我当时觉得干了几年了，也多少赚了一点钱，但是真的挺辛苦的。不只是我辛苦，我妈也很辛苦，所以我们就想换个清闲一点的生意，随便干个啥，能把家里的生计维持住就行了。"

　　虽然在新疆赚了近百万元，但是梁建却累得提不起劲，母亲也想离开新疆去贵州省遵义市投奔亲戚。但是不曾想，梁建来到遵义后就完全改变了自己的生活状态。那个时候是 1999 年，梁建拿着近百万元的积蓄来到贵州省遵义市凤冈县，每天就在打牌、喝酒、唱歌、玩闹中度过。期间他做过啤酒批发、干过工程，可最终都一事无成。这种生活一过就是 12 年，曾经的创业小达人，一去不复返。

　　朋友都说他成了扶不起的烂泥巴，做任何事情都做不成。很多人也劝说过梁建，可是他丝毫没有改变。一晃 12 年过去了，梁建也把当年赚的大部分积蓄花光了。可就在 2010 年 9 月，梁建突然找到母亲说他在当地举办的荷花节上发现了一个商机，这让母亲感到很意外。

2. 重新发现商机

梁建说:"凤冈县市场里面很难买到莲藕,在我印象之中,每千克莲藕不低于三四块钱,很贵的。那个时候,我三十多岁了,感觉这是最好的机会,如果这次机会错过了的话,以后就不一定再有这种机会出现了。"

梁建说他要种莲藕,但当地很少有人种植莲藕,特别是梁建还要母亲拿出全部的养老钱来做这件事的时候,立马引起了大伙儿的质疑。村民说藕卖不掉,不好卖,当地没有人吃藕,不会吃。

亲朋好友们不仅担心种莲藕不赚钱,更怕的是,过了12年荒唐日子的梁建,拿这笔钱不是用来种莲藕,而是去做别的事情。但就在这紧要关头,母亲的举动却让很多人震惊了。

母亲对梁建说:"想做的事情,你就去做吧,我支持你。"

梁建说:"当时压力特别大,一大家子人,母亲的年纪也大了,难道还要她来撑起这个家吗?孩子也慢慢大了,我也得为孩子的未来考虑。"

梁建已经12年没有正经做过事了,拿着母亲70多万元的养老钱,梁建很快包下了500亩地,率先在当地大规模种植莲藕。但是第一天下地,他就让村里人看笑话了,因为他的穿着打扮实在不像下地干活的人。梁建说:"十几岁在新疆的时候就一直穿西装,穿了20多年了,现在叫我换,一下子我还换不过来。"

3. 遭遇旱情,创业亏损

梁建就这么信心十足地开始种莲藕,但随后发生的事情实在出乎他的意料。2011年上半年,凤冈县出现了旱情,整条河沟里都没有水,拿水泵抽都找不到地方抽。

莲藕的生长离不开充足的水源,可是当时旱情严重,梁建实在弄不到水来维持藕的正常生长,一想到这片藕田压着母亲的

70 万元养老钱，更让他内心烦躁。

到 2011 年 4 月，梁建的藕收获了。可是因为缺水，这些藕又小又难看。市面上的藕每千克 2.8 元，可梁建的小藕就算是卖一半的价格，经销商都不愿意要。大片的藕烂在地里，梁建连请工人的钱都没有了。最后一算账，这一年亏了 50 多万元。

梁建说："我不但对不起我妈，对不起我姐姐，连我自己都对不起。投资了那么多钱在里面，还有人力、物力、财力和我自己的心血，却一点儿都卖不出去。"

所有人都觉得梁建已经没有希望了，甚至有人劝他转行，就连母亲也劝他不要再干了，再干下去可能连住的地方都保不住了。母亲的担心马上变成了事实。2012 年，梁建偷偷抵押了家里唯一的住房，贷了 300 万元款。直到 2 个月后，母亲才知道，房子已经不属于自己了。

家里人不得不接受了梁建抵押房子的事实，可接下来梁建所做的事情，彻底把所有人都气坏了。他本来就没有种藕的经验，第一次种的藕就因为不好卖亏了本，可这回他又拿着抵押房子的钱把种植面积从 500 亩扩大到 1500 亩。

梁建说："我这个人就是大起大落，不是穷得一塌糊涂，就是大富大贵，反正就是两个极端，我不会去做平淡的事情。"

4. 大胆创新，加工藕面条

2012 年 12 月，梁建的家人又听到了一些风言风语，说梁建在莲藕基地附近建起了一座工厂。等大家找到梁建的时候，眼前的一幕让他们百感交集，原来，面条厂曾是父亲引以为傲的事业，10 多年来梁建都没有忘记，一根根面条饱含着梁建对父亲的无比思念。

梁建说："面条产业是我父亲一生的心血，不能说他过世以后，他的事业我没有给他发展下去。"

梁建的做法让家人既感动又担心，因为梁建做的是藕面。做面条他在行，可把藕做成面条大伙听都没听说过，大家觉得他也就是说说而已。

从梁建着手做藕面开始已经过去 2 个月了。在这期间，梁建试验了上百次，考察了很多地方，但几乎都没有收获，梁建把自己整个人关了在了厂里。

经过一年多的试验，2014 年 2 月，梁建的藕面终于上市了，但这藕面条到底是怎么做的呢？将鲜藕打成藕粉后和面粉进行调配，1 千克鲜藕可以做出 12 千克藕面条。做藕面对藕的大小没有要求，梁建做藕面就是为了把不好卖的小藕卖出去。

梁建说："它的筋度是非常好的，还有口感、光泽度都很好，绝对是能成功的东西。"

梁建觉得自己的藕面绝对成功，可是一上市他就懵了，2 个月过去了，他卖出的藕面还不到 1000 千克，但是仓库里已经积压了近 10 吨藕面了。全厂上下都为梁建的处境担忧。但是就在一个月后，梁建不仅把积压的库存全卖光了，还在一年内卖掉了 1000 多万元的藕面条。原本卖不上价的莲藕经过加工后卖出了 5 倍以上的利润，他是怎么做到的呢？

杜娟是遵义市凤冈县一家知名饭店的老板，2014 年 5 月，杜鹃发现了梁建怪异的举动。

杜娟说："我们服务员找我说过几次，说这个人到底是做什么的，每天拎来一大包面条，让厨师给他做面条。"

杜娟观察后还发现，梁建点的菜不怎么吃，却老让后厨帮他下一碗自己带来的面条吃，梁建的行为最终引起了杜鹃的注意。"因为我们店的消费水准在我们县城里还是蛮高的，你要想吃面条可以回去自己煮，你跑到我们店里让人给你煮面条，还点那么多菜，是不是有点太过分了。"她说。

梁建见杜娟注意到了自己，马上实施了第 2 个计划，他要请杜娟吃一碗藕面条。

杜娟说："我不是特别喜欢吃面条，但是他让厨师煮给我吃，我感觉确实不错，很筋道，特别是藕荞面除了有面条的香味，还有荞麦的苦香。"

这碗面条让梁建来杜鹃这儿吃的饭没白吃，看着杜娟吃过藕面以后的表情，梁建就知道自己的藕面不会发愁销路了。梁建的藕面条在杜娟的店里受到了欢迎，其他的特产店也纷纷慕名进货。

5. 打造新品种，规划更美好的未来

靠着莲藕和藕面的销量，2014 年梁建的销售额达到了 2000 多万元，生意越来越好。梁建却没有闲下来，2015 年 1 月他又规划出 50 多亩地种下了一批新品种的藕，但是这种藕刚刚种下去就遭到了员工们的异议。

梁建种的是一种观赏藕，既不能吃，也不适合加工，价格还很贵，但是梁建却说这是为自己赚大钱在铺路。原来，每年七八月份赏荷花是很多地方的传统，成片的荷花吸引了很多游客；而莲藕虽然好卖，但是到了七八月份就不能采收了。梁建想到了用荷花造势，他要靠荷花来吸引游客，发展旅游。梁建的这个想法让其他农民纷纷响应，都想跟着他干。梁建说，他还要建 2000 多平方米的农家乐饭庄和住宿旅店。

莲藕的丰收让梁建忙得闲不下来，他用自己的努力向所有人证明，他依然是当年的那个创业小达人。

（资料来源：央视网，2015-05-13）

十五、黄鳝特色养殖的养殖致富经

1. 特色养殖：梅子院黄鳝生态养殖

在湖南省邵阳市邵阳县塘渡口镇梅子院村有一个天子湖生态

鱼养殖合作社，那里养殖的可不是一般的水产鱼，而是有着"水中蛟龙"之称的黄鳝。合作社的负责人张红桃用了2年的时间成为邵阳县黄鳝特色养殖成功的第一人。

黄鳝为热带及暖温带营底栖生活的鱼类，适应能力强，在河道、湖泊、沟渠及稻田中都能生存。白天喜在多腐殖质淤泥中钻洞或在堤岸有水的石隙中穴居，很少活动，夜间出穴觅食。张红桃的养殖场采用的是网箱养殖，这种养殖方式具有投资较小、方便开展、规模可大可小、操作简便、水温容易控制、养殖成活率高等优点。

制作网箱所选用的材料一般为聚乙烯网布，网箱一般制作成长方形或正方形的，面积以不大于20平方米为宜。张红桃的网箱每个都在6平方米左右，箱体深度为1.2～1.5米。网箱上缘四周翻卷同时缝入小指粗的尼龙绳，留出绳头便于捆绑到木桩或支架上。水位不深的塘可打桩安放固定式网箱，水位较深的塘安放浮式网箱。静水池塘设立网箱总面积不超过池塘总面积的30%，有流动水的池塘，其网箱面积可达池塘总面积的50%。这么高规格的养殖技术，张红桃又是如何掌握的？

2. 理论指导实践是创业成功的首要因素

创业初期，他花了8万块钱聘请了一位专业养殖黄鳝的师傅到基地手把手指导，另外还特意跑到南京、上海等专业研究所请专家、教授做理论指导。有了充分的理论知识，张红桃便开始摸索着干了起来。

据张红桃讲述，目前国内黄鳝养殖一直都没有攻克人工繁殖的瓶颈，购买的鱼苗也都是野生苗，野生黄鳝都是吃活食，要想对黄鳝进行人工养殖必须要对其进行驯化。驯化第一阶段，张红桃选用鲜活红蚯蚓喂食，这是黄鳝的最爱；驯化第二阶段，用红蚯蚓配着鱼浆喂食；驯化第三阶段，脱离红蚯蚓，用鱼浆配合专用饲料喂食，而且喂食要定时、定点、定量，培养黄鳝摄食的条件反射，另外还要掌握黄鳝的进食规律。野生黄鳝一般几天进食一次，所以长势比较慢，而人工养殖的黄鳝则要提高进食频率，这样长势会相对快一些。在管理方面，主要是养护好水，定期对水体进行消毒和更换，避免病虫害的发生。说到当初为什么会想到养殖黄鳝，张红桃还是经过了一番深思熟虑的。张红桃说："第一，黄鳝养殖对水质的要求比较高，像我们梅子院这个地方坐落在夫夷河畔，水质比较好，水资源比较丰富；第二，这个产业对劳动力要求不高，只要是身体健康的工人都能够完成各项养殖工作；第三，技术难度和日常管理要求不是很高，而且国内有很多成功的案例可以借鉴；第四，效益可观，形成规模之后，不愁销售。"

3. 成立合作社，带领村民共同致富

2016 年，张红桃的 20 亩水塘共有网箱 400 多个，6 月放苗喂养，10 月停食，之后就可以根据市场行情出售了。按照 2015 年每千克黄鳝 56 元的市场价格，每个网箱可产生 800～1000 元的纯利润。创业第一年张红桃就尝到了甜头。

张红桃说："黄鳝养殖形成规模以后，不愁销售。我 2015 年第一年养殖的时候，亲朋好友们都非常担心这个黄鳝能不能销售出去。开始我自己也有压力，也担心，但是跟那些黄鳝销售商一联系，谈好价格后他们自己带着车子到我基地来，不论大小全部拉走，而且价格还非常可观。"

张红桃说，养好黄鳝非常重要，把握好市场行情也同样重要。2015 年春节前，销售商到基地来，不论大小统一收购的价格都是在每千克 56 元左右，没想到 2016 年春节后的市场批发价格上涨到了每千克 86 元，这眼睁睁地看着每千克少赚了 30 元。

"从一开始我就想，一个产业要适合自己搞，也要能够带动老百姓一起发家致富，带动那些有创业想法的人，一起致富奔小康。"黄鳝养殖让张红桃走在了前头，并通过他的勤奋和努力取

得了成功，但是他最大的心愿是希望带动更多的人加入这个产业，带领老百姓共同致富，所以他成立了合作社，一个产业只有做大、做强才能形成市场竞争力，赚取更多的财富。

（资料来源：邵阳县广播电视台，2016-02-04）

十六、财富无处不在，生煎包也能改变命运

生煎包，在杭州是种很常见的小吃，谁能想到，小小的包子也寄托着人的远大理想。2007 年，王国琴还在巷子里摆摊，卖每个 8 毛钱的生煎包。她先在锅底刷一层薄薄的油，把生的包子直接放进去，然后加凉水煎制。王国琴就这样每天从早忙到晚。

有人的地方就有江湖，哪怕是一条小吃街。王国琴每天起早贪黑，但挣不下什么钱，不仅被其他商户排挤，连包子，一天也只能卖出去 200 元钱。

对于王国琴来说，这段记忆很苦涩，但也是她人生之路的转折点。

王国琴的生煎包店，不要看是只有 30 多平方米的一个小门店，但王国琴却靠着每天从早上 4 点到晚上 8 点的辛苦忙碌，改变了自己和很多人的命运。村民都说："王国琴带着她的兄弟姐妹赚了很多的钱。现在有自己的产业，并且建房、买车，很有钱。"

生煎包，1 块钱 5 个。王国琴是如何把这个小生意做得风生水起的呢？她这个普通的女人有什么了不起的地方，生煎包里又有什么秘诀呢？

1. 家境贫寒，梦想去大城市

王国琴是浙江省湖州市安吉县深溪村人，从小因为家庭贫困过着艰难的生活。读完中专后，王国琴便在县城一家公司找到了

会计的工作，但她心里清楚，自己的梦想在远方，她一定会离开家乡闯荡的。

王国琴说："我读初一的时候，学校有一次安排到杭州旅游，我觉得西湖好美呀，这个地方好大呀！当时就一个想法，觉得杭州比安吉大，我要到大城市去看看。"

后来，王国琴带着仅有的 2000 元积蓄来到了杭州。杭州有美丽的西湖、繁华的街道，大城市里的一切都吸引着王国琴，但生计还是第一位的。她找了一份化妆品促销的工作，努力赚钱，也努力攒钱。

王国琴说："我记得有一次嘴馋了，跑到菜市场一看，就看到那个蟹，我的脚步就停下来了，不舍得走了，后来一咬牙就买了一个蟹，那个时候我记得是 12 块钱。但是吃的时候就跟猪八戒吃人参果一样，就是没有吃到那个味，但是已经吃完了，吃完以后很后悔，觉得自己太奢侈了。"

2007 年，王国琴来杭州已经 10 年了。她的工作从卖化妆品到卖建材，生活并没有什么大的改观。虽然也攒下了几万块钱，但谈到在杭州立足，还差得很远。穷则思变，王国琴清楚，自己必须改变。

有一天，王国琴经过街头，发现一家生煎包店排着长队，生意很火。她想到，在老家几乎家家户户都会做生煎包，自己在家也动手做过。王国琴开始留心观察，发现卖包子虽然很辛苦，但肯定比打工挣得多，很适合自己。如果生意好，以后说不定可以开上好几家店，王国琴越想越激动，决定马上辞职，去卖包子。

她说："我觉得我既然来了，就应该搏一搏、拼一拼。不管成功与否，我要尽我最大的努力，只有这样，才对得起我来到这个城市。"

2. 卖包子改变命运

这时的王国琴不会想到，她的命运将会因为包子而彻底改变。

2007 年，王国琴摆摊卖起了包子，但她想象中的火爆场面根本没出现，一天下来能卖个一两百块钱就算不错了，原因是王国琴把做生煎包这件事想得太简单了，她做出来的包子不仅口感不怎么样，连样子都很难看。

"一开始扔了很多包子，有些时候扔得让我看着都心疼，但是包子实在做得太差了，有时候我自己都看不下去。有的包子很扁，有的包子面皮是黏牙的，有的包子里面是干的，一点汤都没有，有的包子是糊的，这让我很苦恼。"她说。

包子不好吃，生意自然好不了，总共只有不到 10 万元积蓄的王国琴很快就赔掉了 3 万多元，从老家过来帮忙的亲戚更是天天嚷着要回老家去。

王国琴感到了前所未有的压力，如果包子再卖不出去，摆在她眼前的只有两条路，要么重新去打工，要么就回老家！王国琴不甘心，决定放手一搏。

王国琴说："大家普遍认为江南女子可能都比较弱，但我其实很倔强，认定了一件事情，就一定要做好。"

王国琴一边稳住亲戚，一边拿出剩下的钱重新租了一个 20 平方米的小店面。3 个月后的一天，王国琴收摊后一数当天的进账，结果把自己吓了一跳。

王国琴回忆道："一数，哇，有 7000 块！我当时自己都不敢相信，那个时候我那个店蛮小的，只有 20 多平方米。"

短短 3 个月，营业额怎么会有这么大的增长呢？

王国琴说，她最早做的包子有很多卖相都不好，包子的形状如何很大程度上取决于面粉的发酵时间和温度。完全没有发酵的面称为死面，死面做出来的包子形状很扁，面皮又硬又黏牙；充分发酵的面称为发面，发面做出来的包子又会出现太过蓬松，把汤汁都给吸没了的现象。经过无数次试验，王国琴做出了这种半发面的包子，可以同时保持面皮的口感和充足的汤汁。

在餐饮业，要做好一个正宗的生煎包，标准有很多。餐饮业国家一级评委叶杭胜说："好的生煎包必须具备3个要素：第一个是皮薄，第二个是底脆，第三个是汁多。有的食客吃的时候汤汁流在了自己衣服上面，他不但不会不开心，反而会很开心，为什么，他要的就是这个感觉。"

灌汤生煎包，里面的汤汁非常重要，汤汁来自皮冻。一般的皮冻是用猪皮直接加水熬制的，王国琴把它改良加了猪骨进去。皮冻搅碎后拌进肉馅里，这样做出来的包子里汤汁鲜美还不油腻！那段时间，王国琴几乎把杭州大街小巷的生煎包尝了个遍。

王国琴说："有一段时间我吃包子吃到快吐了。我们甚至乔装打扮去当学徒，到别人店里偷学技术，当时还被人赶出来过。"

3. 增开分店，盯上五星级大厨

包子生意越来越火爆，王国琴也开始酝酿更大的发展计划。

接下来几年，王国琴陆续开了4家店，把哥哥嫂子都从老家叫了过来，还增加了粉丝汤、馄饨、煎饺等新品种。然而很快，一个大麻烦就摆在了她眼前。

王国琴说："有些客人回来反映说：'在你那家店吃到的包子怎么跟你这家店不一样，有的汤会少一点，有的面皮不一样，有点黏牙。'我不知道怎么跟他们去解释。"

包子的品质不稳定，导致客人的投诉越来越多，有3家店的营业额更是直线下降。可和面、调馅儿、煎制……每个细节都有可能影响包子的口感，王国琴不知道问题出在哪里，也做不到每家店每天都盯着，眼看着生意越来越差劲，王国琴非常着急。

2012年起，王国琴开始频繁地出入当地一家五星级酒店的餐厅，并把目光锁定在一个人身上，他叫葛森宇，当时是杭州一家五星级宾馆的总厨。葛森宇17岁入行，特长是做面点，在当地餐饮圈小有名气，一双手那叫一个灵巧。王国琴找到葛森宇，提出让人家辞掉工作跟自己去做包子，一番话让对方越听越觉得可笑。

葛淼宇说："说实话，我们做酒店的，跟做包子的差距太大，那时候我压根就看不起做包子的，感觉自己的档次下去了。"

王国琴说："五星级酒店的大厨就是牛，不理我，不来，他觉得他是五星级酒店的大厨，跟着我去做包子，从身价到环境各方面掉价掉得太多了。"

让一个五星级酒店的总厨辞职去做包子，看似离谱，王国琴却有自己的打算，她看中的是五星级酒店在面点制作方面的苛刻要求。一个包子褶有多少个、重多少克、馅料如何配比，五星级酒店都有精准的要求。王国琴通过朋友打听到，葛淼宇是这方面的高手，她迫不及待地想要请到这样一个人才，帮自己制定一套标准化的流程，为复制店面打牢基础，但葛淼宇一开始却并不买账。

葛淼宇说："如果同行或者朋友看到我在帮草根卖包子，那太没面子了。"

王国琴说："越是被人家瞧不起，我就越是要努力；越是被人打击了，我就越是一定要做出成绩来。所以后来我说，你这样，先到我那边去看看。"

葛淼宇拒绝一次，王国琴就多拜访一次，说什么也不肯放弃，最后耐不住王国琴的轮番游说，葛淼宇决定去店里看一下，发现有的店生意确实不错。王国琴见葛淼宇有点动心，趁热打铁，提出让他担任技术总监，持有门店股份，包子卖得越多，分红就越高，一番话让葛淼宇听得热血沸腾。

葛淼宇说："我17岁进厨房，如果到老了还是厨师，感觉对不起自己，所以为了证明自己的价值，我动心了。"

葛淼宇决定放下面子，跟着王国琴一起创业，负责研究包子制作工艺的标准以及进行员工培训。王国琴以为问题解决了，可第一天上班，两个人就杠上了，葛淼宇当着员工的面指出，王国琴的包子根本不合格！

王国琴要求员工包的包子要出品快，而葛淼宇则要求包子外形必须美观，两个人谁也不让步，员工都不知道该听谁的好了。

一个要求速度，一个要求品相，两个人为此没少拌嘴。当时，包子都是褶儿朝上煎，为了达成一致，两个人想出一个办法，把包子反着煎。

一个问题虽然解决了，但两个人之间的矛盾却还在继续发酵。有一天葛森宇不在店里，王国琴就给员工交代了几个问题，没想到这件小事竟然激怒了葛森宇！

葛森宇说："管理层太多，每个管理层都去给员工指导工作，张三说要这样做，李四觉得不好要那样做，王五又说要怎么样，你叫员工怎么干活，他没法干活。我觉得她错了，她觉得她没错，两个人就压着一股火。最后，我说这个事情我没法干了。"

两个人最终不欢而散！但冷静下来之后，王国琴意识到了自己的问题。

王国琴说："其实很多东西如果说真的要走远、走好、做好的话，还是要建立在一定的流程的基础上的。如果说都是像我以前那样管理，那就乱套了，管理就混乱了。后来我也反思，我确实也有错误之处。"

王国琴主动登门道歉，又把葛森宇请了回来。伴随着争执，王国琴不断吸收对方的建议，门店管理越来越规范。2013年4月，原料基地建立，每天统一向各个门店配送馅料，包子也有了一套标准化的制作流程。在拌馅料的过程中，多少斤肉，加上多少克调料，全部都是量化的，这样保证每个门店的口味都是统一的。

标准化的制定让门店数量迅速扩张，但王国琴清楚，要想稳定地发展下去，员工是关键。每天都有很多员工来到基地学习，在这些人当中还出现了不少高手。出色的员工保证了包子的品质，也让她可以拿出更多的精力来扩张店面数量。此外，她还专门派出了几位员工，每天周旋在杭州的大街小巷，执行一项特别的任务——选店面。

包子店的位置对生意影响很大，一般来说，人流量大、交通便利的街道是首选地段，但要拿下这样的店面，光靠等不行，而是要主动出击。

王国琴说，找源头是一种方式，就是要找到这个店面的源头，也就是房东或者出租单位。有些时候他们会跟环卫工人有密切的联系，让环卫工人看这条街上有哪个店面想转让了，第一时间给他们打电话。

从产品的标准化到团队、店面，王国琴打通了包子产业的一环又一环，未来她希望把这份事业做得更大。

（资料来源：央视网，2015-09-17）